BOOSTEZ

ANNE EVERARD

Je vais t'expliquer comment être en forme !
Ah oui ? C'est quoi ton secret ?
Ben bien manger, bien dormir, bouger, aimer son travail, tout ça !
C'est bon, je le sais déjà ça !
zut, j'ai encore loupé le yoga...
...et ça fait un moment que j'ai pas vu la couleur d'une pomme...

BOOSTEZ, ÇA VEUT DIRE QUOI ?

Je suis à un dîner où je raconte à une amie le projet de ce livre. « Mais ça ne sert à rien, les gens savent déjà tout ça. Le problème c'est qu'ils ne le font pas », me rétorque-t-elle. Alors, vrai ou faux ?

VRAI. Et heureusement que nous savons déjà beaucoup de choses sur comment être en forme, comment performer au travail et mener une vie épanouie.

Et FAUX, parce que je suis toujours surprise de constater qu'il y a un certain nombre de choses simples que l'on ne sait pas encore. Par exemple qu'il faut manger protéiné le matin pour bien dormir le soir. Ou que le soda zéro sucre stimule l'appétit et provoque un coup de pompe comme un soda normal[1]. Si nous avons pas mal de connaissances sur le sommeil, l'alimentation et l'activité physique, je vous mets au défi de me dire comment prendre soin de votre cerveau pour être vif, vous concentrer, faire le tri entre les infos que vous gardez et les autres, être productif. Lorsque l'on se sent frustré, en colère ou triste, quels sont les meilleurs trucs et astuces pour gérer nos émotions ?

L'objectif de « Boostez » est de vous redonner une vue d'ensemble sur ce qui compte aujourd'hui pour être en forme dans votre corps et dans votre tête et performer selon vos objectifs. Vous y trouverez de nombreux trucs et astuces, ainsi qu'une méthode pour vous mettre en mouvement et tenir dans la durée, car qui veut aller loin ménage sa monture.

Il n'y a que vous qui pourrez vous booster, mais il existe un chemin, c'est celui que nous allons parcourir ensemble. Alors, on y va ?

La méthode pour me BOOSTER

1 LA THÉORIE DES 50 PETITES CUILLÈRES

Pour booster notre énergie et notre qualité de vie globale, la première chose à faire est de mesurer où nous nous situons aujourd'hui. Pour ce faire, je vous propose la théorie des petites cuillères : une personne en bonne santé se réveille le matin avec 50 petites cuillères d'énergie à sa disposition[2]. Pour chaque action entreprise, elle utilise une ou plusieurs petites cuillères : prendre sa douche et se préparer = **2** petites cuillères ; se rendre au bureau = **2** petites cuillères ; une réunion = **3** petites cuillères ; une dispute = **3** petites cuillères ; un repas un peu arrosé = **4** petites cuillères. Après une journée bien remplie, la personne a épuisé son stock de petites cuillères. Une bonne nuit de sommeil et c'est reparti avec 50 petites cuillères d'énergie.

Si vous ne générez pas suffisamment de petites cuillères, c'est-à-dire que vous vous réveillez et avez moins de 50 petites cuillères, ou si vous dépensez plus de petites cuillères que vous n'en avez, votre énergie est insuffisante et cela a des conséquences sur votre qualité de vie privée et professionnelle. Heureusement, nous avons des réserves qui vont nous permettre de tenir un certain temps. Toutefois, à force de puiser dans nos réserves, de dépenser plus de petites cuillères d'énergie que celles que nous avons au réveil, notre qualité de vie se détériore : soucis de santé, problèmes de sommeil, humeur maussade, difficultés à nous concentrer ou à gérer notre stress.

Alors, ce matin, combien de petites cuillères aviez-vous ? L'objectif est d'avoir à votre réveil vos 50 petites cuillères d'énergie pour profiter pleinement de votre vie.

2 MON PLAN D'ACTION INDIVIDUEL

« Il n'y a pas de vent favorable pour le navire qui ne connait pas son port »

Sénèque

« Un voyage de mille lieux commence toujours par un premier pas. »

Lao-Tseu

Avant la crise sanitaire, la majorité d'entre nous fonctionnait intuitivement plutôt bien, même si la pression résultant du rythme de nos vies professionnelle et privée s'était accentuée depuis une quinzaine d'années et qu'un nombre toujours plus grand de travailleurs était considéré à risque d'épuisement ou de dépression. Les bouleversements liés à la crise sanitaire et aux changements incessants ont accentué le risque d'anxiété, de déprime et de dépression.

Ce n'est dès lors pas du luxe de penser activement à son bien-être global et de vérifier, en passant en revue sujet après sujet, que nous avons créé un équilibre durable. Pour la grande majorité d'entre nous, quelques réajustements seront utiles.

Je vous propose des changements de deux ordres :

- **LES RÉAJUSTEMENTS QUI SE FONT EN UNE FOIS (les one-shots) :** exemple, j'achète une nouvelle chaise de bureau pour la maison.
- **LES RÉAJUSTEMENTS QUI SE FONT DANS LA DURÉE :** exemple, je vais dormir en moyenne une heure de plus.

Gardez à l'esprit que la nature humaine n'aime pas le changement. Spontanément, notre petite voix intérieure, notre mental, nous dit que le prix à payer pour le changement est sans doute très élevé par rapport au bénéfice à en attendre. Notre mental est plutôt satisfait de la situation actuelle et pense : « *Mieux vaut un tu l'as, que deux tu l'auras.* » Tout changement demande de l'énergie, ne le sous-estimez pas. Je vous invite donc à l'introduire en douceur, sans faire de grande révolution, en vous souvenant que : « *Petit pas par petit pas, tout est facile. Kilomètre par kilomètre, tout est difficile.* »

Il y a aussi l'adage italien « *Chi va piano va sano e va lontano* », qui signifie : « Qui va doucement, va sainement et va loin. » C'est essentiel pour éviter les bonnes résolutions qui ne tiennent pas très longtemps, comme celles que l'on a l'habitude de faire après le Nouvel An ou au retour des vacances.

Je vous invite donc à élaborer votre plan d'action individuel, qui sera étalé dans la durée :

mañana = demain

• CHOISISSEZ 3 CHANGEMENTS UNIQUES (les one-shots)

Vous pourriez les mettre en œuvre à raison d'un tous les quinze jours. Par exemple, j'installe une plante verte chez moi, je range mon espace de bureau ou j'achète un réveil pour laisser mon smartphone hors de ma chambre.

- **CHOISISSEZ 3 CHANGEMENTS RÉCURRENTS**
  Vous pourriez les mettre en œuvre à raison d'un changement introduit tous les trente jours et qu'il faudra stabiliser. Par exemple, je marche trente minutes par jour, j'effectue un rituel du soir pour mieux m'endormir ou je réduis mon temps d'écran.

Pour le suivi de votre plan d'action individuel, vous pouvez vous servir de la grille fournie page 190.

Ensuite, je vous invite à prendre rendez-vous avec vous-même une fois par semaine pendant quinze minutes. De préférence toujours le même jour à la même heure. Pour ma part, j'ai choisi le dimanche en fin d'après-midi. Si ça n'a pas été possible, je débute ma journée du lundi avec ces quinze minutes, pour prendre le temps de regarder si mes petites cuillères vont bien, si j'ai respecté mes engagements envers moi-même et si des ajustement sont nécessaires.

Une petite astuce :
pourquoi ne pas vous réunir à deux, trois ou quatre personnes avec lesquelles vous allez vous motiver, vous entraider pour atteindre vos objectifs, partager vos connaissances et vos expériences ? En bref, faire vivre votre plan d'action. C'est comme pour un défi sportif, c'est plus facile de se motiver ou de s'entraîner à plusieurs que tout seul.

3 MODE D'EMPLOI

« Un peu de poivre, un peu de sel
Un peu d'amour, un peu de miel
Quand tout cela fut bien mélangé
Il arriva ce qui devait arriver. »

Chanson de Tonia, 1966

Nous sommes tous différents, vous pouvez parcourir ce guide pratique dans l'ordre que vous voulez.
Certains chapitres vous parleront particulièrement, d'autres pas du tout ou pas aujourd'hui.
On peut lire et comprendre un chapitre sans avoir lu les autres.

Picorez ce qui est juste pour vous. Laissez-vous surprendre par l'une ou l'autre information. Récupérez une vue d'ensemble sur ce qui vous permet de prendre bien soin de vous et d'être ainsi dans de bonnes conditions pour savourer l'existence.

Pendant la lecture, n'hésitez pas à souligner ou stabiloter les passages qui vous parlent ou notez tous les trucs et astuces que vous pourriez envisager d'appliquer dans votre futur plan d'action individuel.

Établissez votre plan d'action individuel avec, comme objectif, d'avoir chaque matin vos 50 petites cuillères d'énergie. Vérifiez régulièrement où vous en êtes et réajustez ce qui peut l'être pour vous booster.

Enfin, si vous avez décroché ou négligé votre plan d'action individuel, félicitez-vous de vous en être rendu compte et reprenez là où vous avez cessé de prendre bien soin de vous. Reprenez petit pas par petit pas vos bonnes résolutions et vos rendez-vous hebdomadaires avec vous-même. Pas besoin de vous culpabiliser, c'est comme si vous étiez tombé de cheval. On se remet debout, on respire un bon coup et on remonte en selle ! Bonne route !

To do list pour se booster

- ✔ Établir son plan d'action individuel
- ✔ Prendre rendez-vous avec soi-même
- ✔ Piocher dans ce livre ce qui nous parle le plus

IDÉES POUR MON PLAN D'ACTION INDIVIDUEL

Changements uniques (one-shots) :

Changements récurrents :

mon SOMMEIL

1 JE BOOSTE MON SOMMEIL

> ***« Le rire et le sommeil sont les meilleurs remèdes du monde. »***
>
> ***Proverbe irlandais***

Un sommeil de rêve suppose :

- Un endormissement aisé.
- Sans cachets.
- Sans écran interactif au coucher.
- Un réveil nocturne maximum, de courte durée.
- Dormir de 7 à 9 heures par nuit.
- Se réveiller frais et dispo, plein de vitalité.

Le sommeil est la base de tout !

En trente-cinq ans, nous avons réduit notre temps moyen de sommeil d'une heure trente par nuit[3] ! Aurions-nous besoin de moins de sommeil que nos parents ? Et bien non, un être humain reste un être humain, avec des besoins physiologiques de base incompressibles.

Nous l'avons déjà tous ressenti, le manque de sommeil influence toute notre vie :

- Notre humeur est moins bonne, nous sommes plus impatients et irritables.
- Notre concentration est moins efficace, cela se ressent notamment dans notre travail.
- Notre gestion du stress est moins efficace.
- Nous choisissons des aliments plus sucrés, plus salés et plus gras.
- Nous manquons de courage pour faire du sport.

À moyen terme, le manque de sommeil va aussi affecter négativement notre immunité, notre risque de maladies cardiovasculaires, de cancer, de diabète, de maladies auto-immunes, de maux de tête, d'anxiété, de burn-out et de dépression.

Commencez par vous poser la question suivante : est-ce que je dors suffisamment ?

Si vous n'êtes pas sûr de la réponse, prenez note pendant quinze jours de vos heures réelles de sommeil, c'est-à-dire l'heure à laquelle vous vous endormez jusqu'à celle de votre réveil, en soustrayant les éventuels réveils nocturnes. Notez si vous êtes frais et dispo au réveil. Notez également si vous êtes somnolent ou non pendant la journée.

Il y a une dizaine d'années, je n'ai pas pris garde à la qualité de mon sommeil qui était en train de changer car j'avais toujours bien dormi jusque-là et beaucoup d'énergie. Je faisais carrière, j'étais devenue maman à deux reprises, je jonglais aisément avec ma liste de choses à faire. Petit à petit, j'ai fait des insomnies. J'utilisais plus que mes cinquante petites cuillères par jour, je m'endormais comme une brique, mais il m'arrivait de me réveiller vers trois ou quatre heures du matin et de sentir que mon cerveau se remettait immédiatement à penser à ce que je voulais faire le lendemain et les jours suivants. Je n'y ai pas pris garde. Qui réduit ses activités parce qu'il a moins bien dormi ? J'avais un boulot à temps plein, une famille à faire tourner, j'étais volontaire et je ne m'écoutais pas vraiment . Ces insomnies sont devenues de plus en plus régulières, jusqu'à quatre ou cinq fois par semaine. Je ne me suis pas arrêtée une seule fois pour me demander pourquoi je dormais mal et ce que j'aurais pu faire pour y remédier. Je n'ai même pas pensé à en parler quand je croisais mon médecin généraliste. Mauvaise idée car un an plus tard, je me suis retrouvée en burn-out. C'est comme si mon corps avait décidé du jour au lendemain qu'il était temps qu'il rattrape tout le sommeil que je ne lui avais pas donné. Il avait raison et j'ai compris la leçon. Mon sommeil, maintenant, c'est sacré !

Retrouver un sommeil de qualité peut prendre un certain temps. Tâtonnez, essayez, échouez, recommencez, jusqu'à y parvenir. La vie n'est pas un long fleuve tranquille, il y a des moments où nous dormons moins bien, mais il est important que ces moments-là ne s'éternisent pas. De nombreux trucs et astuces existent pour vous aider. Dormir comme un loir, c'est par ici !

LA RÉALITÉ DU SOMMEIL AUJOURD'HUI

- **45% de la population déclare avoir des problèmes de sommeil**[4]. Nous dormons en moyenne 6 h 41 par nuit la semaine et 1 personne sur 3 dort moins de 6 heures par nuit. Le temps d'endormissement moyen est de 33 minutes. Seuls 18% des sondés dorment d'une traite. 82% se réveillent la nuit, dont la moitié deux fois ou plus chaque nuit pour une durée moyenne d'insomnie de 32 minutes[5].

- **Frais et dispo le matin ?**
23% des sondés indiquent se réveiller fatigués tous les matins[6] et 24% se sentent somnolents dans la journée.

- **Avec ou sans somnifères ?**
1 personne sur 8 prend des somnifères[7]. C'est 5 fois plus que nos voisins allemands et 4 fois plus que les Britanniques. Si la tendance était en légère baisse ces vingt dernières années, la crise du Covid est passée par là et sans surprise les chiffres sont remontés depuis 2020.

AVOIR UN SOMMEIL SUFFISANT ET DE QUALITÉ EST NOTRE TOP PRIORITÉ !

Vous connaissez peut-être des difficultés d'endormissement, des réveils nocturnes, des réveils trop matinaux ? Ou vous êtes fatigué au réveil, somnolent la journée ? Ou encore, vous avez besoin d'un somnifère pour dormir ? En prenant soin de votre sommeil, vous verrez toute votre vie transformée. Vous retrouverez vos 50 petites cuillères d'énergie. Booster les autres aspects de votre vie sera presque un jeu d'enfant quand vous aurez retrouvé un repos de qualité.

Un bon sommeil est le résultat d'une hygiène de vie globale : une alimentation adéquate va non seulement faciliter la libération de la mélatonine au moment de l'endormissement, mais aussi vous faire dormir profondément toute la nuit. Si bien se nourrir va avec bien dormir, d'autres choses doivent être prises en compte : vous avez besoin de lumière pour activer votre métabolisme et d'exercice physique pour fatiguer votre corps. Quelques outils pour gérer votre stress et vos émotions seront peut-être également utiles.

LES PROBLÈMES LIÉS AU SOMMEIL NE SONT PAS UNE FATALITÉ, POUR SYMPATHISER AVEC LE MARCHAND DE SABLE, C'EST PAR ICI !

Bien dormir commence avec l'alimentation et les boissons !

- **Pour de bonnes nuits, pensez à prendre un petit déjeuner protéiné.**
  Pourquoi ? Les protéines contiennent du tryptophane, un acide aminé qui se transforme durant la journée en sérotonine, puis grâce à la lumière en mélatonine, l'hormone du sommeil. Celle-ci sera ensuite libérée en fin de journée, grâce à l'obscurité, au moment de vous endormir. Vous trouverez des idées de petit déjeuner protéiné dans le chapitre sur l'alimentation, p. 39.

Nos mécanismes hormonaux sont complexes et le tableau ci-dessous vise uniquement à mettre en lumière le fait que notre alimentation est primordiale dans la qualité de notre sommeil. Si vous souhaitez comprendre en profondeur ces mécanismes, vous pouvez vous référer aux ouvrages proposés dans la partie finale Pour aller plus loin.

ALIMENTS	ACIDES AMINÉS	NEURO-TRANSMETTEURS	HORMONES	À QUOI ÇA SERT ?
Protéines végétales et animales	Tryptophane →	Sérotonine →	Mélatonine	La mélatonine est l'hormone du sommeil. Indispensable pour s'endormir et ne pas avoir de réveils nocturnes. Rythme le cycle jour-nuit.
	Tyrosine →	Dopamine Noradrénaline (aussi des hormones) →	Adrénaline (aussi un neurotransmetteur)	L'adrénaline nous donne de l'énergie, de l'élan.

L'alimentation et les boissons pendant la journée vont également jouer un rôle majeur dans la qualité de votre sommeil :

- **À midi, poursuivez avec un repas protéiné.**

- **Stop aux boissons excitantes après 15 heures :** café, thé, Coca et boissons énergisantes.

- **Au goûter, mangez un fruit et un carré de chocolat noir** de préférence à minimum 70%.

  Pourquoi ? Un peu de sucre (le fructose du fruit et le glucose du chocolat) au goûter va stimuler la sécrétion d'insuline, indispensable pour permettre l'absorption intracellulaire de la sérotonine. Le magnésium du chocolat noir va booster la production de tous ces neurotransmetteurs et ainsi favoriser la détente puis l'endormissement.

- **Le soir, privilégiez les glucides** (par exemple les céréales et légumes) et évitez de manger trop de protéines.

  Pourquoi ? Comme pour le goûter, les sucres contenus dans les glucides vont aider le tryptophane à atteindre le cerveau. En outre, évitez voire réduisez les protéines animales (surtout la viande rouge). Certes, elles contiennent du tryptophane (utile pour le sommeil), mais aussi de la tyrosine (utile pour donner de l'énergie). Au moment d'arriver dans les neurones du cerveau, tryptophane et tyrosine vont se faire concurrence. La tyrosine va gagner et entrer davantage dans les neurones que le tryptophane. Résultat, les protéines que vous aurez consommées le soir vous donneront un regain d'énergie au lieu de favoriser votre sommeil.

- **Évitez l'alcool le soir.**

  Pourquoi ? L'alcool fait monter votre température corporelle, alors que pour parvenir à l'endormissement, elle doit justement baisser. Attention aussi au côté faux ami de l'alcool qui peut vous assommer lorsque vous vous couchez, mais qui dégrade la qualité de votre sommeil. La température trop élevée du corps et le foie qui ne parvient pas à métaboliser l'alcool induisent un sommeil moins profond, voire des insomnies vers trois ou quatre heures du matin, ainsi qu'un réveil tout sauf frais et dispo.

- **Évitez le tabac le soir.**
Pourquoi ? Tout simplement parce que la nicotine est un excitant et que pour dormir, vous cherchez plutôt à vous détendre.

- **Vitamine D :** vérifiez avec votre médecin que vous avez un taux optimal de vitamine D, important pour ne pas déstructurer votre sommeil (voir p. 103 – Mon petit check-up).

- **De la lumière svp !**
S'exposer suffisamment à la lumière est essentiel pour un bon sommeil, la lumière du jour stimule votre rythme jour-nuit, qu'on appelle le cycle circadien.

La lumière captée par vos yeux envoie un influx nerveux à votre glande pinéale, le 3e œil, ce qui met en mouvement la chaine de production de la mélatonine. Celle-ci restera stockée dans les neurones tant qu'il y a de la lumière. La nuit, lorsqu'il fait sombre, la mélatonine est libérée dans le sang et fait son travail d'endormissement. Si elle n'a pas pu être produite et stockée pendant la journée grâce à une bonne alimentation et assez de lumière, le corps n'en disposera pas suffisamment le soir pour induire le sommeil.

Si cela vous est possible, vous devez vous exposer à la lumière du jour dans l'heure de votre réveil. S'il fait encore noir lorsque vous vous levez ou que la lumière est trop faible en automne et en hiver, vous pouvez vous servir de la luminothérapie avec une lampe de 10 000 lux (!) (à partir d'une quarantaine d'euros) tous les matins d'octobre à mars. La régularité est importante pour maintenir votre rythme jour-nuit et donc un bon sommeil. Posez par exemple la lampe devant vous sur la table du petit déjeuner, idéalement durant trente minutes. Dans le cas de dépression saisonnière, la luminothérapie est efficace dans 85% des cas, dans une moyenne de quatre à quatorze jours[8] !

- **Votre corps doit être physiquement fatigué.**
Bougez pendant la journée, marchez, pratiquez une activité physique. Toutefois, pas de sport intensif en soirée, car il vous empêcherait de vous endormir en libérant différentes hormones et en accroissant votre température corporelle[9].

- **Votre tête doit être vidée.**
Prévoyez de décompresser avant le coucher. Mettez en place un rituel du soir. Vous trouverez des idées de rituel ci-dessous.

Si vous ruminez des émotions difficiles ou si vous êtes encore stressé de votre journée, vous rencontrerez davantage de difficultés pour vous endormir. C'est votre cas ? Découvrez comment gérer vos émotions (p. 144) et votre stress (p. 156).

- **Les heures avant minuit comptent-elles doubles ?**
Nous avons tous un chronotype, c'est-à-dire un rythme éveil-sommeil qui nous est propre. Certains sont des couche-tôt, d'autres des couche-tard. Donc, si vous êtes un couche-tôt, les heures avant minuit sont importantes pour vous, bien qu'elles ne comptent pas double. Si cela n'est pas déjà fait, commencez par observer votre chronotype.

Quand êtes-vous fatigué le soir ? Êtes-vous en forme au réveil ? Prenez des notes. Une période de vacances permet d'être plus attentif à son sommeil naturel et de répondre plus facilement à ces questions. Pour vous aider, vous pouvez répondre en ligne au questionnaire gratuit de typologie circadienne de Horne et Östberg[10]. Plus vous respecterez votre heure idéale de coucher, plus vous serez en forme. Quand vous sentez le marchand de sable passer, ne luttez pas, allez vous coucher. Respectez votre horaire idéal le plus souvent possible. Si votre partenaire n'a pas le même chronotype que vous, acceptez de ne pas aller vous coucher à la même heure. Essayez de vous lever plus ou moins à la même heure le week-end afin de ne pas déstructurer votre sommeil.

- **Combien d'heures faut-il dormir ?**
Nous avons réduit notre temps de sommeil de 1 heure 30 par nuit en 35 ans, ce qui a un effet délétère sur notre santé et notre fatigue. Les recommandations officielles préconisent 7 à 9 heures de sommeil par nuit, mais si vous doutez de votre temps idéal de sommeil, partez du principe que vous faites partie des 90 % qui ont besoin de 7 heures 30 à 8 heures minimum de sommeil par nuit[11]. Idéalement, vous êtes réveillé le matin juste avant votre réveil, car vous avez fini de dormir. Faites-vous ce cadeau. Dormez davantage !

- **Et votre chambre ?**
Pour bien dormir, votre chambre doit être aérée cinq à dix minutes (pour un bon apport en oxygène dans nos cellules), calme (sinon pensez aux bouchons d'oreille), dans la pénombre (le cerveau doit recevoir le message que c'est le moment de libérer la mélatonine) et à une température maximale de 18 degrés (la température du corps doit pouvoir baisser pour s'endormir).

- **Les écrans ont-ils un effet nocif ?** Nous sommes nombreux à ne pas respecter cette règle : pas d'écran interactif 1 heure 30 avant le coucher. 45% des sondés déclarent en effet utiliser leur smartphone une fois au lit et avant de s'endormir et 50% déclarent que l'utilisation qu'ils font des écrans mène à une réduction de leur temps de sommeil[12].

L'écran de télévision ne pose pas de problème, à condition d'éteindre quand on est fatigué ou qu'il est l'heure. Les écrans qui posent problème avant le coucher sont le smartphone, la tablette, l'ordinateur et les liseuses.

La lumière bleutée émise par ces écrans est pour la rétine et le cerveau synonyme de lumière du jour. Résultat : une diminution de la libération de la mélatonine par nos neurones. Une étude a montré que deux heures passées devant une tablette avant de se coucher bloquent jusqu'à 22 % de la sécrétion de mélatonine[13] ! Bonne chance, alors, pour trouver le sommeil ! Et même, une fois endormi, la quantité de mélatonine libérée étant inférieure, vous aurez un sommeil moins profond avec des risques de réveils nocturnes. Souvenez-vous que 82 % des personnes sondées se réveillent au moins une fois dans la nuit.

Les écrans interactifs stimulent intensément votre cerveau. Lorsque vous arrêtez, celui-ci met un certain temps avant de se calmer et de commencer à récupérer[14]. Donc, même si vous vous endormez et donnez à votre corps 8 heures pour récupérer, votre cerveau ne recevra quant à lui qu'environ 6 heures 30 de récupération. C'est largement insuffisant quand on sait que le cerveau absorbe une grande quantité d'informations pendant la journée. Il n'est pas étonnant d'avoir ensuite quelques difficultés de concentration ou de mémoire.

Si vous n'avez plus de réveil, c'est peut-être le moment d'en acheter un et de laisser votre smartphone hors de la chambre. Si vous souhaitez malgré tout conserver votre smartphone comme réveil, mettez-le en mode avion la nuit afin d'éviter les ondes Wifi et celles de votre réseau mobile. Si vous constatez que le fait d'avoir votre téléphone comme réveil attise votre curiosité et que vous parcourez votre téléphone avant le coucher malgré vos bonnes résolutions, passez au réveil ! Si vous devez impérativement garder près de vous votre téléphone allumé, coupez la connexion Wifi, mettez-le en mode « Ne pas déranger » (seuls les numéros indiqués dans vos favoris pourront vous joindre) et mettez votre téléphone le plus loin possible de votre tête pour éviter les ondes pendant votre sommeil. Et maintenant, au dodo !

- **Les siestes peuvent-elles compenser des nuits trop courtes ?**
Oui, les siestes viennent en complément du temps de sommeil afin de permettre au corps mais aussi au cerveau de récupérer. En outre, différentes études ont démontré qu'après une sieste, nous sommes moins stressés, plus concentrés, plus productifs et plus créatifs. Idéalement, elle ne dure pas plus de trente minutes et doit avoir lieu avant 15 h afin de ne pas perturber le cycle naturel du sommeil nocturne[15]. Toutefois, si vous avez eu une nuit très courte et que vous n'avez pas de problèmes de sommeil, écoutez-vous et faites une sieste un peu plus longue si vous en éprouvez le besoin.

2 LE RITUEL DU SOIR

Les difficultés d'endormissement ou les réveils nocturnes peuvent aussi résulter d'une hyperactivité cérébrale ou d'un manque de détente corporelle. Si on dort mal, c'est souvent que l'on s'est mal endormi. Prenons le temps d'apaiser nos pensées et de détendre notre corps avant de plonger dans les bras de Morphée. Si vous n'avez pas encore de rituel du soir, choisissez-en un.

VOICI QUELQUES IDÉES

Je prends une douche pas trop chaude, je lis ou j'écoute de la musique douce pendant vingt minutes, j'allume une petite bougie et j'écris dans mon journal de bord les événements positifs de la journée, je fais l'exercice décrit ci-contre avant de me mettre au lit.

Ancrage-Centrage-Respiration

ANCRAGE
Mettez-vous debout, les pieds parallèles et effectuez quelques mouvements d'assouplissement des genoux, imaginez que vous êtes sur des petits ressorts. Quand vous vous sentez comme aimanté au sol et que vous n'avez plus envie de lever les pieds, vous êtes bien ancré.

CENTRAGE
Montez alors doucement les bras par le côté vers le haut pour les situer de part et d'autre de vos oreilles, mains jointes, doigts croisés. Pointez uniquement les index vers le ciel. Dans cette position, dandinez-vous pendant vingt ou trente secondes avec l'intention d'allonger votre colonne vertébrale de un, deux ou trois centimètres. Ne bloquez pas votre respiration, inspirez et expirez tout en bougeant. Baissez peu à peu vos bras et vos index vers le sol. Observez comme vous êtes bien ancré et centré dans votre axe. Si nécessaire, relâchez vos épaules, vos mâchoires, vos fessiers.

RESPIRATION
Inspirez par le nez un bel air frais et lumineux, imaginez qu'il emplit toute votre tête, puis qu'il descend dans votre cou, votre torse et votre ventre jusqu'au fond du bassin. Expirez bouche ouverte avec l'intention de faire sortir tout ce dont vous n'avez plus besoin, tous vos soucis, tout ce qui vous pèse. Faites trois fois cet exercice de respiration. Souriez, vous êtes détendu pour une bonne nuit de sommeil.

ANCRAGE - CENTRAGE - RESPIRATION

Essayez ce rituel simple qui apaise et détend tant le soir qu'en journée.

Une fois dans votre lit, poursuivez avec l'une des trois techniques de détente suivantes :

LE BODYSCAN

Allongez-vous sur le dos, membres détendus et légèrement écartés. Par la pensée, imaginez que votre pied droit devient très lourd sur le matelas, puis ce sont tour à tour votre mollet, votre genou, votre cuisse droite qui deviennent lourds. Passez au pied gauche et faites de même avec toute votre jambe. Vos jambes sont bien lourdes, puis votre bassin devient lourd, votre ventre, votre torse, vos épaules. C'est au tour de votre main droite, votre avant-bras, votre coude, puis tout votre bras droit. Faites de même avec votre bras gauche. Votre cou devient lourd et enfin, toute votre tête. Vous dormez ?

LA COHÉSION CARDIAQUE

Le but est d'aligner le rythme du cœur sur celui de la respiration afin de calmer le flot des pensées et des émotions. En inspirant, comptez jusqu'à 4. En expirant, comptez jusqu'à 6. C'est l'allongement de l'expiration qui produit la détente. Répétez cela une vingtaine de respirations. Lorsque vous vous concentrez sur cet exercice, il n'y a plus de place pour vos pensées. C'est ce qu'on appelle la pleine conscience, vous êtes pleinement attentif à ce que vous faites. Pour vous aider au début, vous pouvez installer sur votre smartphone une appli de cohérence cardiaque (gratuite quelques jours), le temps de bien comprendre l'exercice.
YouTube regorge aussi de vidéos qui peuvent vous accompagner. J'aime bien celui avec la petite boule qui monte à l'inspire et qui redescend à l'expire.

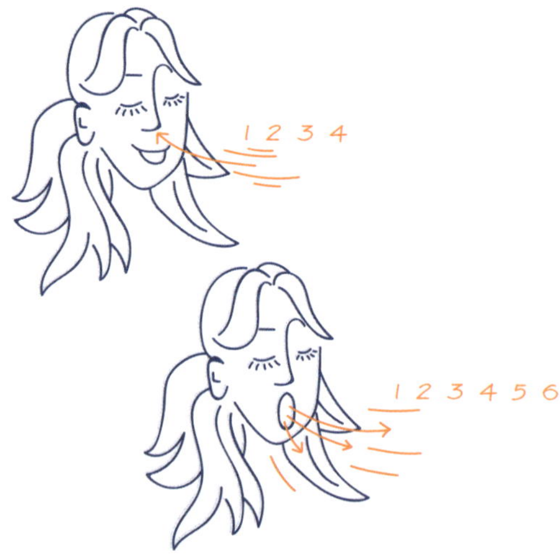

LA RESPIRATION EN CARRÉ

C'est une autre technique pour détendre le corps et faire chuter l'activité mentale. Inspirez sur 1 temps (un côté du carré), retenez votre respiration sur 1 temps (le haut du carré), expirez sur 1 temps (l'autre côté du carré) et retenez votre respiration sur 1 temps (le bas du carré). Recommencez en comptant 2 temps par côté du carré, puis 3… jusqu'à 7 si vous le pouvez. Pensez à bien expirer bouche ouverte et mâchoire détendue. Si le fait de retenir votre respiration vous angoisse, vous pouvez essayer d'inspirer en 1 temps et expirer en 1 temps. Ensuite, passez à 2 temps, 3 temps, etc. Simplement ne passez pas par la phase de blocage de la respiration.

LES RITUELS DU SOIR

Testez ces différents rituels de détente pour faciliter votre endormissement et choisissez celui qui vous convient le mieux.

Vous pouvez aussi favoriser votre détente grâce aux produits suivants.

Vous les trouverez en pharmacie, en magasin bio ou sur internet.

- **Huile essentielle de lavande vraie** (attention, pas la lavande aspic qui est un excitant), de camomille noble ou romaine. Si vous êtes enceinte, allaitante, allergique, asthmatique ou épileptique, demandez conseil à votre médecin. Vous pouvez mettre une ou deux gouttes sur un mouchoir à côté de votre oreiller ou, tout simplement, respirer plusieurs fois d'affilée le flacon ouvert.

- **Rescue Nuit en fleurs de Bach :** déposez quatre gouttes sous la langue ou dans un verre d'eau, à siroter une trentaine de minutes avant le coucher.

- **Rescue en fleurs de Bach :** si vous avez une journée difficile, que vous vous sentez angoissé, stressé, mettez une pipette de Rescue dans un demi-litre d'eau et sirotez cette boisson tout au long de la journée par petites gorgées.

- **Différents sprays ou rollers** existent contre l'anxiété ou pour favoriser le sommeil.

QUAND DOIS-JE CONSULTER UN MÉDECIN ?

Idéalement, lorsque votre sommeil est dégradé au moins trois fois par semaine depuis un mois[16] : vous mettez plus de trente minutes à vous endormir ou vous vous réveillez au moins deux fois par nuit ou une seule fois mais longtemps ou vous vous réveillez au moins une heure avant l'heure du réveil.

Le médecin va notamment vérifier que les problèmes de sommeil ne proviennent pas d'une hyperthyroïdie, d'un diabète, d'une pathologie cardiovasculaire ou neurologique. Il pourra vous proposer de consulter un spécialiste pour entreprendre une thérapie cognitivo-comportementale, dont le but est de réintroduire de bonnes habitudes pour un sommeil de qualité tout en gérant les éventuelles angoisses liées à la peur de ne pas dormir.

Voyons quelques soucis fréquents liés au sommeil, ainsi que des pistes pour les solutionner.

3 JE NE DORS PAS ASSEZ

Si vous n'avez pas de souci d'endormissement, d'insomnie ou de réveil très matinal, mais que vous vous octroyez trop peu d'heures de sommeil, la réponse est simple : couchez-vous plus tôt le plus souvent possible. Vous ne perdez pas votre temps en dormant : « Le tigre aussi a besoin de sommeil » (proverbe chinois). Éteignez la lumière un quart d'heure plus tôt chaque semaine, jusqu'à dormir le nombre d'heures dont vous avez besoin et idéalement, vous réveiller juste avant le réveil.

C'est votre grand point d'action pour les prochaines semaines, car une fois que vous aurez pris d'autres habitudes de sommeil, vous aurez l'énergie nécessaire pour modifier votre alimentation, bouger, vous fixer des objectifs et les atteindre. Notez vos heures de sommeil et comment vous vous sentez chaque jour.

4 J'AI DU MAL À M'ENDORMIR

Pour favoriser votre endormissement, reprenez la liste ci-dessus des trucs et astuces et voyez ce que vous pouvez déjà mettre en œuvre. En outre, voici ce qui peut vous aider[17] :

- Veillez à donner à votre organisme suffisamment d'oméga 3, ce bon gras qui se trouve dans les huiles de lin, de noix, de chanvre, de colza, dans les petits poissons tels que les sardines, maquereaux, anchois, harengs à manger par exemple trois fois par semaine ou sous forme de compléments alimentaires (nous vous recommandons 1 g matin et soir). Grâce à ces bonnes graisses, vous aurez des parois neuronales de meilleure qualité, ce qui permettra un passage plus aisé de la sérotonine (précurseur de l'hormone du sommeil) entre vos neurones.

- Vous avez besoin de magnésium chaque jour matin et soir (de 100 à 200 mg de magnésium élément ou 1000 à 2000 mg de sel de magnésium par prise), qui permet, en réduisant l'anxiété et le stress, de vous détendre. Il évitera également les crampes nocturnes ou lors de séances sportives.

- À l'heure du goûter, et avec l'accord préalable de votre médecin, prenez un cachet de tryptophane de 200 mg (en pharmacie, en magasin bio ou sur internet). Rappelez-vous du tableau ci-dessus : le tryptophane est un acide aminé que l'on trouve dans les protéines de l'alimentation (particulièrement dans les protéines végétales) et qui va induire la production de sérotonine, puis de mélatonine, l'hormone du sommeil. Celui-ci vient en complément du tryptophane apporté à votre organisme grâce à l'alimentation.

- En fin d'après-midi ou début de soirée, vous pouvez boire une tisane de camomille, verveine, tilleul ou toutes les tisanes Bonne nuit qui favorisent la détente. Ne la buvez pas trop tard, car elle pourrait occasionner un passage aux toilettes durant la nuit.

- Pensez aussi aux plantes qui facilitent votre sommeil : eschscholtzia (anxiété légère récente), valériane (décontraction musculaire), passiflore (détente musculo-digestive), mélisse (détente digestive et lors de règles douloureuses) ou aubépine (régulateur cardiaque et vasculaire)[18]. Elles peuvent être prises sous forme de cachets ou de gouttes (en pharmacie, en magasin bio ou sur internet) environ 30 minutes avant l'endormissement. À vérifier avec votre médecin pour les femmes enceintes et allaitantes.

- Avec l'accord préalable de votre médecin, prenez aussi un cachet de mélatonine à libération immédiate, en sublingual pour en faciliter l'absorption, à partir de 0,3 mg par prise, à prendre 30 à 60 minutes avant l'endormissement (en pharmacie, en magasin bio ou sur internet). Il vient en complément de votre propre production de mélatonine (cf. le tableau ci-dessus).

- Au coucher, respirez une huile essentielle de lavande vraie, de camomille noble ou romaine, qui aide à se détendre. Si vous êtes enceinte, allaitante, allergique, asthmatique ou épileptique, demandez l'accord préalable de votre médecin.

- Si malgré tout ce que vous avez mis en place vous avez l'impression d'être encore très tendu, ou que vous ruminez au moment de l'endormissement, découvrez comment gérer vos émotions (p. 144) et votre stress (p. 156).

5 JE ME RÉVEILLE LA NUIT

Les microréveils nocturnes (de 5 à 7 fois par nuit) sont naturels, mais nous n'en gardons pas de souvenir. Vous pouvez aussi vous réveiller une fois par nuit pour une courte pause, par exemple pour aller aux toilettes. Mais si vous faites au moins deux réveils nocturnes ou même un seul mais qui dure un peu trop longtemps, voici quelques astuces[19] qui viennent en complément de la liste ci-dessus :

- Vérifiez avec votre médecin qu'il n'y a pas une raison médicale liée à ces réveils. Par exemple, un souci de prostate, un dysfonctionnement de la glande thyroïde ou la prise d'un médicament.
- Soyez particulièrement vigilant à la caféine. Plus de thé, café, Coca ou boissons énergisantes après 15 heures.
- À l'heure du goûter, et avec l'accord préalable de votre médecin, prenez un cachet de tryptophane de 500 mg (en pharmacie, magasin bio ou sur internet). Rappelez-vous du tableau ci-dessus : le tryptophane est un acide aminé que l'on trouve dans les protéines de l'alimentation et qui va induire la production de sérotonine, puis de mélatonine, l'hormone du sommeil. Celui-ci vient en complément du tryptophane apporté à votre organisme grâce à l'alimentation. Ici, la dose est un peu plus importante qu'en cas de problème pour s'endormir, car il faut aider votre corps à produire davantage de mélatonine pour rester endormi toute la nuit.
- Pensez aussi aux plantes qui facilitent le sommeil : voir les détails au point précédent. À prendre environ 30 minutes avant l'endormissement.
- Avec l'accord préalable de votre médecin, prenez un cachet de mélatonine à libération prolongée de 2 mg, à prendre une à deux heures avant l'endormissement (en pharmacie). Ce cachet va complémenter votre propre production de mélatonine (cf. le tableau ci-dessus).
- Complétez par des compléments alimentaires qui favorisent la production, le transport et le stockage de sérotonine et de mélatonine : oméga 3, magnésium, vitamines B, D et Q10.

En médecine traditionnelle chinoise, on dit que les réveils entre 3 et 5 h du matin sont dus à un dysfonctionnement du foie, soit parce qu'il est surchargé (alcool, foie gras, médicaments), soit parce qu'il ne peut pas gérer une trop grande colère ou tristesse. Si c'est votre cas, découvrez comment gérer vos émotions (p. 144).

En cas de réveils très matinaux, prenez un cachet de passiflore (en pharmacie, en magasin bio ou sur internet, contre-indiqué pour les femmes enceintes et allaitantes) trente à soixante minutes avant le coucher. En cas de cauchemars, ce sera un cachet ou des gouttes d'eschscholtzia et de coquelicot[20].

En cas de réveil nocturne de courte durée, évitez si possible d'allumer la lumière car elle interrompt votre libération naturelle de mélatonine dans votre sang trois heures durant. Si votre réveil nocturne dure longtemps, privilégiez des activités calmes qui détournent votre attention de vos éventuels soucis (sudoku, mots croisés, solitaire, tricot, lecture…).

6 JE SUIS FATIGUÉ LE MATIN

Reprenez ce chapitre depuis le début et regardez si des choses peuvent s'appliquer à vous pour améliorer votre temps de sommeil et sa qualité. Excluez les apnées du sommeil (voir ci-dessous). Vérifiez dans les chapitres consacrés à l'alimentation et aux boissons (p. 39) et à l'activité physique (p. 63) ce qui pourrait vous booster. Enfin, parlez-en à votre médecin généraliste qui effectuera quelques vérifications et pourra éventuellement vous demander de consulter un cardiologue ou un spécialiste du sommeil (voir p. 34).

Quelques habitudes à adopter au réveil : levez-vous, faites entrer la lumière dans votre chambre, ouvrez la fenêtre pour faire le plein d'oxygène, buvez un grand verre d'eau, prenez une douche chaude ou froide selon votre préférence et faites quelques exercices physiques pour activer votre métabolisme.

7 JE RONFLE ET JE SUIS EN SURPOIDS

Si vous ronflez et que vous êtes en surpoids, vous pourriez être sujet aux apnées du sommeil. Ce trouble respiratoire du sommeil se caractérise par des pauses respiratoires de dix à trente secondes, voire davantage, qui peuvent se répéter plusieurs fois par heure, provoquer de l'hypertension artérielle, des troubles du rythme cardiaque, des maux de tête, une grande fatigue, de l'irritabilité et des difficultés de concentration.

Chez nous, l'apnée touche 4% d'hommes et 2% de femmes. L'âge est un facteur aggravant : à partir de cinquante ans, 10 % de la population en souffre. Les personnes ayant connu un burn-out découvrent souvent à postériori qu'elles souffraient d'apnées du sommeil.

Si vous ronflez, demandez à un proche de vérifier que vous ne faites pas d'apnées du sommeil ou enregistrez-vous. Vous pouvez aussi faire un test d'autoévaluation gratuit en ligne :
https ://www.allianceapnees.org/test-de-berlin/.

Parlez-en à votre médecin généraliste. Il pourra vous conseiller un spécialiste qui effectue des tests du sommeil en clinique ou à la maison.

8 JE PRENDS DES SOMNIFÈRES

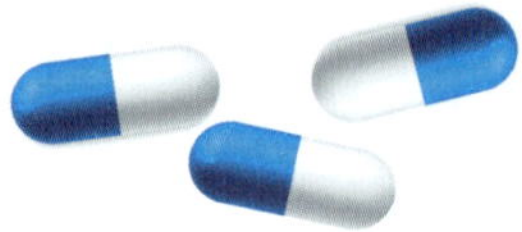

Environ 12% de la population prend des somnifères, des benzodiazépines (Alprazolam, Bromazépam, Diazépam, Lorazépam…) et des Z-drugs (Zopiclone, Zolpidem…). Ils sont conçus pour un usage de courte durée et pourtant, un tiers de ses consommateurs en prend depuis plus de huit ans[21] !

« Les somnifères génèrent une déstructuration du sommeil. Grosso modo, nous avons deux types de sommeil : un sommeil profond nécessaire à la récupération physique et un sommeil paradoxal qui permet la mémorisation et la récupération psychologique. Lorsque vous prenez des somnifères, vous allez diminuer la proportion du sommeil paradoxal. Vous diminuez de cette façon votre capacité de récupération psychologique[22]», explique le docteur Benny Mwenge, pneumologue et responsable du laboratoire du sommeil aux cliniques universitaires Saint-Luc à Bruxelles.

Les somnifères génèrent une accoutumance et les patients ont tendance au fil du temps à augmenter de leur propre initiative la dose prescrite, avec les effets secondaires que cela comporte. Ils créent également une forte dépendance et la peur d'en manquer un jour prochain peut générer de l'angoisse, du stress, voire de la panique. C'est sans compter leurs nombreux effets secondaires : dépression, troubles de la mémoire, impuissance, fatigue, céphalées, vertiges, bouffées de chaleur, influence sur la vision et la parole, somnolence diurne et étourdissements (avec risque de chute), réduction de la qualité du sommeil, changements de personnalité, augmentation du risque de cancer de 35% pour une consommation supérieure à 132 comprimés par an, deux fois plus de risques d'apnée du sommeil (dès un quart de comprimé de Bromazépam 6 mg le soir) pouvant entraîner de l'hypertension artérielle, un infarctus et un AVC[23]. La liste est tristement longue.

Stopper les somnifères vous redonnera un nombre important de petites cuillères d'énergie et vous permettra de vieillir en bonne santé. Voici un protocole pour vous y aider. Il est important de le respecter pour arriver à bon port :

- Faites-vous accompagner par votre médecin ou un spécialiste en thérapie cognitivo-comportementale qui vous prend par la main pour y arriver.

- Choisissez un moment de votre vie qui est propice à un lent sevrage, pas en plein divorce, la veille d'un déménagement ou lors d'un gros défi professionnel par exemple.

- Choisissez si possible une saison autre que l'automne qui est souvent fatigante physiquement et a un impact sur l'humeur de beaucoup d'entre nous. En cause : le manque de lumière et sa conséquence directe, la baisse de la mélatonine produite par notre organisme.

- Établissez la liste des raisons qui vous poussent à arrêter les somnifères, avec bien sûr leurs effets secondaires sur vous. Quelles sont les activités que vous aimeriez faire lorsque vous vous sentirez moins fatigué ? Si votre motivation chute, reprenez cette liste pour vous encourager.

- Commencez par limer de temps en temps votre cachet de 10

à 20 % et observez si votre sommeil est stable ou non. C'est une manière d'apprivoiser le processus de sevrage.

- Quand vous êtes décidé à entamer réellement votre sevrage, cette technique de la lime à ongles vous accompagnera. Tous les soirs, limez votre cachet de la quantité dont vous estimez pouvoir vous passer. Comme un jour ne ressemble pas à un autre, adaptez cette diminution en fonction.

- Il est recommandé de diminuer votre dose de 10 à 20 % toutes les deux à quatre semaines[24]. N'allez pas trop vite, procédez doucement. Vous pouvez ensuite demander à votre pharmacien de préparer des doses réduites. Il ne faut jamais arrêter brutalement un benzodiazépine, car cela peut être dangereux pour votre santé.

- Veillez bien entendu aux trucs et astuces pour un bon sommeil, notamment en ce qui concerne l'alimentation (pensez à bien vous hydrater), la lumière, le sport, les écrans et le rituel du soir.

To do list pour bien dormir

- ✔ Mieux connaître son sommeil
- ✔ L'améliorer en prenant de bonnes habitudes le soir
- ✔ Se lever du bon pied
- ✔ S'alimenter correctement
- ✔ Arriver à se défaire de ses accoutumances

IDÉES POUR MON PLAN D'ACTION INDIVIDUEL

Changements uniques (one-shots) :

Changements récurrents :

mon ALIMENTATION et mes BOISSONS

Il faut croire que nous ne mettons pas toujours le bon carburant ou la bonne quantité dans notre moteur, car près de la moitié de la population est soit en surpoids (30,3%), soit obèse (17%)[25]. Les confinements n'ont pas aidé, puisque 24% des personnes interrogées indiquent avoir mangé davantage pour compenser l'anxiété ou l'ennui[26]. Voilà peut-être pourquoi Pierre Rabhi disait :

« On mange tellement de choses toxiques, que ce n'est pas bon appétit que j'ai envie de dire aux gens, mais bonne chance ! »

Il y a quelques années, je me suis inscrite à une retraite de quatre jours sous tente dans la nature. Je n'avais pas prêté attention aux repas avant de partir, qui seraient vegan. Pas de souci car en fait, je ne suis pas très difficile et même, cela a attisé ma curiosité : qu'est-ce qu'on mange quand on ne consomme aucun produit animal ? Puis j'ai compris que ce serait également un séjour sans café ni autre excitant, sans sucre ajouté et sans alcool. Bon, quatre jours ça devrait aller, ai-je tenté de me rassurer, car la peur d'être en manque de café et peut-être de sucre était bien là.

Dès le lendemain de mon arrivée, j'ai été bluffée. Malgré une mauvaise nuit, comme c'est toujours le cas pour ma première sous tente, je ne ressentais aucune fatigue. Je n'ai pas baillé une seule fois pendant le séjour alors que d'habitude, je peux bailler dès 10 ou 11 h le matin. Pas de coup de pompe après les repas de midi et du soir. Aucun ballonnement et un transit intestinal parfait. Pour ne rien gâcher, mon humeur était au beau fixe, je me sentais plus légère et j'avais même perdu un peu de poids à mon retour.

Je ne suis pas devenue vegan, je n'ai pas révolutionné toute mon alimentation, mais le séjour m'a ouvert les yeux pour la première fois sur l'impact de ce que je mangeais et buvais sur mon énergie, mon humeur, ma santé. Jusque-là, je mangeais parce que j'avais faim ou envie de quelque chose, mais pas vraiment pour me faire du bien, pour être en forme.

Vous avez sûrement déjà lu et entendu mille choses sur l'alimentation, sans être suffisamment motivé pour changer vos habitudes. Ou bien vous avez essayé quelques jours et avez abandonné ? Si ce que nous venons d'évoquer vous parle, fixez-vous un objectif et allez-y petit pas par petit pas.

UN SEUL CHANGEMENT TOUS LES QUINZE JOURS !

Modifier nos habitudes est très difficile, car la nature humaine n'aime pas le changement, qui nous insécurise. La peur inconsciente de manquer vient titiller nos bonnes intentions. Je l'ai encore expérimenté en écrivant ce chapitre. Je suis partie six jours seule en retraite d'écriture. J'ai fait des courses uniquement pour moi, ultra saines. Je n'ai pas acheté certains produits que je prends pour la famille (snacks sucrés et salés, viande et charcuterie) et n'ai choisi que des féculents complets (pain, pâtes, riz). Après 24 heures j'ai eu à deux heures d'intervalle une forte envie de sucré, puis une envie inhabituelle de chips. J'ai tenu, mais j'étais nerveuse ! Le deuxième jour, je suis sortie acheter du chocolat. J'avais changé trop de choses en même temps et mon inconscient n'a pas du tout apprécié l'expérience.

N'allez pas trop vite. Imaginez que vous avez décidé de réduire le sucre pour éviter les coups de pompe. Vous avez identifié que vos trois sources principales de sucre ajouté sont le petit déjeuner, les sodas et les desserts. N'enlevez pas tout le sucre d'un coup, sous peine de craquer très rapidement. Choisissez de commencer par celui des trois qui est le moins difficile à supprimer. Le dessert, par exemple. Supprimez-le définitivement (sauf exception bien sûr, on n'est pas en prison). Notez dans votre agenda, 15 jours plus tard, que vous supprimerez également les sodas. Si vous en buviez plusieurs par jour, envisagez de réduire de moitié pendant 15 jours, puis notez dans votre agenda 15 jours plus tard que vous supprimez l'autre moitié des sodas. Ce n'est qu'après consolidation des deux premiers que vous commencerez à modifier votre petit déjeuner.

SI JE N'AI PAS TENU LE CHANGEMENT...

Je ne me flagelle pas, je peux sourire de mon humanité, j'avais peut-être même oublié que j'avais voulu ce changement. Ce n'est pas grave. C'est comme une chute de cheval, je me relève et me remets en selle. Enfant, nous ne renonçons pas à marcher parce que nous sommes tombés mille fois avant. Modifier nos habitudes alimentaires requiert de la patience, de la motivation et de passer par des échecs. Rappelez-vous toujours pourquoi vous le faites : je veux avoir plus d'énergie, être de bonne humeur, je ne veux plus de bobos, plus ce fond de déprime en moi.

JE PRÉVOIS UN RENDEZ-VOUS AVEC MON MÉDECIN

Une visite de contrôle chez votre médecin généraliste est la bienvenue. Votre fatigue ou vos envies alimentaires peuvent venir de carences en fer, en vitamines B9 ou B12, d'une glande thyroïde faible ou hyperactive ou de dysfonctionnements (glycémie, insuline). Consultez notre chapitre consacré au sujet (p. 101).

Et avant d'entrer dans le vif du sujet, impossible de parler d'alimentation sans un petit tableau récapitulatif. Son seul objectif est de nous aider à nous rappeler de ce qui va nous faire du bien ou non, nous donner des petites cuillères d'énergie ou nous en coûter. Retenez que tout ce que vous mangez ou buvez est composé de protéines, de glucides, de lipides, d'eau et de produits plus ou moins chimiques (additifs, exhausteurs de goût). Pour des informations plus détaillées, référez-vous à la rubrique Pour aller plus loin ou regardez sur internet.

NUTRIMENTS	À QUOI ÇA SERT ?	DIFFÉRENTES SORTES	OÙ LES TROUVER ?	QUE RETENIR ?
PROTÉINES	Elles contiennent les acides aminés à la base de nombreux mécanismes du corps	D'origine végétale	☞ Légumineuses : lentilles, pois chiches, haricots rouges, fèves… ☞ Céréales complètes, quinoa, sarrasin… ☞ Oléagineux, soja, champignons	Nous n'avons pas de carence en protéines, par contre notre santé gagnerait à augmenter notre consommation en protéines végétales et à diminuer les protéines animales.
		D'origine animale	☞ Poissons, crustacés, viandes, œufs, produits laitiers	
GLUCIDES	Ce sont les sucres qui donnent notre énergie	Sucres simples	☞ Goût sucré : fruits, miel, sucres ajoutés p.ex. dans les biscuits, le thé, le café, les plats préparés…	Les glucides simples ont généralement un index glycémique (IG) moyen à élevé, c'est-à-dire la vitesse à laquelle le sucre arrive dans le sang. Plus l'IG d'un aliment est élevé, plus la sécrétion d'insuline sera importante, ce qui fera chuter brusquement le taux de sucre dans le sang et donnera un coup de barre.
		Sucres complexes	☞ Goût non sucré : pain, pommes de terre, céréales (blé, riz, quinoa…) et légumineuses (lentilles, pois chiches…)	

LIPIDES	Ce sont les matières grasses pour huiler les rouages	Oméga 3	☞ Poissons gras, huiles (colza, lin, noix), graines (chia, chanvre, lin), certains légumes (cresson, mâche, chou)	Il faudrait consommer 1 oméga 3 pour 5 oméga 6. Or nous sommes à 1 pour 12. Moralité : augmentez la consommation d'oméga 3 et réduisez celle d'oméga 6.
		Oméga 6	☞ Viandes, œufs, fromages, beurre, noix, huile de tournesol, produits transformés (biscuits, chips…)	
		Oméga 9	☞ Huile d'olive, viandes, fromages, beurre, avocat, oléagineux	
		Acides gras saturés (graisses solides à température ambiante)	☞ D'origine végétale (huile de palme ou de coco, p.ex. dans les snacks sucrés ou salés) ou ☞ Animale (viande grasse, beurre, crème, fromages)	Nous avons besoin de graisses saturées, mais nous en consommons trop par rapport aux oméga 3. En outre, ces graisses sont souvent associées aux glucides (biscuits, chips…) ce qui favorise les maladies cardiovasculaires.
		Acides gras trans industriels	☞ Plats préparés, pâtisseries et biscuits industriels, pâtes à tarte, quiches, pizzas, biscuits apéritif, margarine	Ils sont obtenus par un procédé industriel d'hydrogénation pour une texture plus ferme et une plus longue conservation. À fuir impérativement, même en petite quantité !

Source : inspiré de Yuka, Le guide de l'alimentation saine (voir Pour aller plus loin).

1 JE BOOSTE MON ALIMENTATION

Je vous propose (A) quelques pistes pour une alimentation qui vous donnera de l'énergie plutôt que de vous en coûter. Ensuite, je vous invite à tester (B) si certains aliments vous conviennent mieux que d'autres.

A. UNE ALIMENTATION ÉQUILIBRÉE ET QUI ME DONNE DE L'ÉNERGIE

Vous trouverez un tas de livres sur le sujet. Les grandes lignes sont :

- **Nous mangeons trop de viande**
  Vous pouvez en diminuer la quantité et la remplacer par du poisson et des protéines végétales (c'est facile à préparer, délicieux, très bon pour la santé et beaucoup moins cher que la viande). Vous trouverez des recettes sur internet et dans les ouvrages proposés à la fin du livre dans Pour aller plus loin. Viandes rouges et charcuteries sont cancérigènes, réduisez leur consommation autant que possible. Ainsi, sur les sept repas principaux par semaine, pourquoi ne pas planifier deux repas végétariens, l'un à base d'œufs, deux autres avec du poisson (quantité habituelle réduite) et maximum deux avec de la viande (quantité habituelle réduite).

- **On nous dit de manger cinq fruits et légumes par jour depuis longtemps, mais en pratique il n'y a que 12% de la population qui le fait[27]**
  Pourquoi est-ce si important ? Le corps a besoin de maintenir un équilibre acide-base neutre, c'est-à-dire un pH d'environ 7,4 sur une échelle qui va de 0 (très acide) à 14 (très alcalin). Comme nous mangeons beaucoup d'aliments acidifiants (viandes, charcuteries, poissons, produits laitiers, féculents et céréales, viennoiseries, gâteaux, sucreries, mauvaises graisses dans les plats préparés industriels, alcool), il est indispensable de les compenser par des aliments alcalinisants en nombre (fruits, légumes, infusions). Si nous ne le faisons pas, notre corps s'acidifie, va chercher des substances alcalines dans nos os (risque d'ostéoporose), puis développe les maladies modernes liées à un état acide et inflammatoire du corps (tendinites, maladies cardiovasculaires, diabète, anxiété, stress)[28].

Pour y arriver, je vous recommande de commencer dès le matin par un fruit, des crudités ou un reste de légumes de la veille. À midi et le soir, faites en sorte que la moitié au moins de votre assiette soit composée de légumes et de salades. Au goûter, mangez un ou deux fruits. Enfin, ayez toujours une casserole de soupe de légumes prête dans le réfrigérateur. Prévoyez-la épaisse pour éviter le reflux. Le plus souvent possible, faites cuire les légumes à la vapeur, même pour les préparer en soupe. C'est la seule cuisson qui préserve un maximum de nutriments. Ou alors, faites-les cuire à tout petit feu.

Ma nutritionniste dit que plus on a de couleurs dans l'assiette, plus on a de vitamines et de nutriments variés ! Quand je prépare des crudités et que j'en pose une assiette sur la table à manger, elle est toujours vide le soir.

- **On mange trop de mauvais gras**
  Ils fatiguent notre organisme et contribuent à boucher nos artères. Remplaçons-le par du bon gras dont nous avons besoin. Donc moins de charcuterie, chips et plats préparés industriels et davantage de bonnes huiles (olive, colza, lin, caméline), poissons et petits poissons gras tels que sardines, maquereaux, anchois et harengs.

- **On chasse les sucres ajoutés**
  Ils fatiguent drôlement notre organisme par l'effet yo-yo qu'ils ont sur notre énergie (lire ci-dessous : J'ai des coups de pompe dans la journée).

Petit rappel, ne révolutionnez pas votre alimentation en une fois, introduisez plutôt un changement à la fois et stabilisez-le durant quinze jours. Commencez par vous-même au début, il n'est pas nécessaire de convaincre toute la famille d'adopter vos changements.

- **S'hydrater suffisamment**
  Cela consiste à boire de l'eau ou des tisanes à raison de 1,5 à 2 litres chaque jour.

- **On mange la bonne quantité pour nous**
  Remplissez votre assiette comme vous voulez mais ne vous resservez pas. Nous nous resservons souvent par gourmandise ou par habitude. Petite astuce : une étude britannique a démontré que l'on mangeait moins quand la taille de l'assiette était moins grande[29]. Le travail de digestion coûte de l'énergie au corps, c'est d'ailleurs pour cela que nous avons parfois un petit coup de barre après

le repas. L'énergie que nous ne dépensons pas à digérer de trop grandes quantités est disponible pour autre chose. Cela limitera également une éventuelle prise de poids. Boire un verre d'eau pendant les repas favorise également la sensation de satiété en faisant gonfler les fibres avalées[30].

Pour manger la bonne quantité, nous pouvons aussi choisir de manger en pleine conscience : je ne fais pas deux choses en même temps, comme manger et travailler ou manger et jouer sur mon smartphone ou encore manger et regarder la télévision, car l'on consomme 20% de calories en plus quand nous ne sommes pas concentrés sur l'acte de manger[31]! Une autre étude a comparé deux groupes. Le premier a mangé sans rien faire d'autre et le second a mangé devant son ordinateur. Lorsqu'on leur a proposé des gâteaux trente minutes après avoir terminé, le deuxième groupe en a grignoté le double[32].

Et pour finir de vous motiver, j'aime bien aussi cette étude-ci : elle compare un groupe qui mange devant la télévision et l'autre pas. Le groupe télé a mangé de 36% (pizzas) à 71% (macaroni au fromage) de calories en plus[33].

- **Stop au grignotage**

Le saviez-vous ? Un quart des aliments consommés par les adultes est consommé entre les repas[34] ! Ce sont souvent des aliments sucrés ou salés, ainsi que des boissons sucrées ou de l'alcool, qui favorisent la prise de poids et dont la digestion fatigue notre organisme. À priori, nous mangeons trois repas par jour plus un petit goûter et éventuellement, un en-cas à dix-heures si l'on a petit déjeuné très tôt, de telle sorte que nous n'avons pas faim entre les repas.

N'achetez pas de boissons ou de snacks qui vous poussent au grignotage et à manger des choses dont vous ne vouliez plus. Demandez donc à un ex-fumeur de ne pas fumer alors qu'il sait qu'il y a un paquet de cigarettes dans le tiroir.

- **Mon faux ami l'alcool**

L'alcool nous donne un sentiment immédiat de détente, notamment après une journée de travail. Toutefois, son assimilation fatigue le foie et tout l'organisme par son effet déshydratant et acidifiant. Après avoir bu un verre, nous avons moins d'énergie, moins d'élan. Et le lendemain, nous sommes plus fatigué, moins en forme, tant physiquement qu'intellectuellement. En outre, il contient beaucoup de sucre et c'est la deuxième cause évitable de cancers. Ne vous méprenez pas, j'aime bien boire un verre, mais nous sommes devenus de gros consommateurs d'alcool. D'ailleurs, 17 % disent boire davantage depuis la crise sanitaire[35].

Je vous rappelle les recommandations : plusieurs jours sans alcool par semaine, pas plus de deux verres par jour et pas plus de dix verres par semaine[36]. Il existe plusieurs manières de réduire sa consommation d'alcool et de le vivre sans stress, comme d'aller marcher quinze minutes après le travail pour se détendre. D'autres boissons suppléent l'envie d'alcool : le jus d'un demi-citron avec de l'eau pétillante ou une boisson sans sucre au gingembre avec de l'eau pétillante (Gimber Brut, par exemple).
Personnellement, je ne suis pas fan des boissons type gin ou vin sans alcool car l'idée de l'alcool reste très présente, mais c'est évidemment une alternative bien qu'ils contiennent du sucre.

- **Mon meilleur ennemi, le soda**
  Le soda, on lui fera sa fête dans le chapitre sur les coups de pompe dans la journée (p. 51).

> Une alimentation savoureuse nous apportera beaucoup de plaisir et activera ainsi le circuit de la récompense (via la dopamine générée). Sur internet, vous trouverez de délicieuses recettes saines.

B. JE TESTE SI CERTAINS ALIMENTS ME CONVIENNENT OU NON

Y a-t-il des aliments ou des combinaisons d'aliments qui vous conviennent mieux que d'autres en terme d'énergie ? Faites le test !

- **Le gluten**
  Nombreux sont les gens qui disent être beaucoup moins fatigués depuis qu'ils ont réduit le gluten. On ne parle pas ici d'allergie ou d'intolérance, mais de la simple sensation d'être fatigué ou en forme. Il y a du gluten en grande quantité dans le pain et les pâtes. Faites le test pendant 15 jours : réduisez uniquement le pain et les pâtes et notez dans un cahier comment vous vous sentez.

- **Les sucres ajoutés et tous les aliments à indice glycémique élevé**
  Vous trouverez toutes les explications dans la partie consacrée aux coups de pompe en journée (p. 51).

Plus vous faites de yo-yo glycémiques, plus vous êtes fatigué. Si c'est votre cas, peut-être devriez-vous privilégier les aliments à indice glycémique bas pendant 15 jours et à nouveau, notez ce qui vous convient le mieux pour votre énergie ? J'ai par exemple identifié que quand je mange des gâteaux ou que je bois de l'alcool, je baille le lendemain. Et vous, qu'allez-vous découvrir sur vous-même ?

- **Temporairement, des aliments cuits plutôt que crus**
  En médecine traditionnelle chinoise, quand une personne est fatiguée, on peut lui recommander de manger uniquement des aliments cuits pendant quelques semaines. L'explication est logique : votre estomac, pour porter les aliments crus (ou des boissons) qui sortent du frigo ou sont à température ambiante de 20° à la température du corps qui est à 36° environ, va avoir besoin d'énergie. Ensuite, digérer un aliment cru demande davantage d'énergie que de digérer un aliment cuit et la digestion va prendre plus de temps. L'énergie qui est utilisée pour la digestion d'aliments crus (crudités ou fruits frais) n'est pas disponible pour autre chose. Faites le test et notez vos impressions dans un cahier. Quand vous aurez fait le plein d'énergie, vous pouvez bien entendu réintroduire les aliments crus.

- **Les combinaisons d'aliments**
  Dans l'ayurveda, la médecine traditionnelle indienne, on évite certaines associations d'aliments pour avoir plus d'énergie. Je vais à nouveau caricaturer pour simplifier. Durant le même repas, on

mange soit des protéines animales et des légumes, soit des féculents et des légumes. Pour une meilleure énergie, on évite les protéines animales avec des féculents.

En pratique, si on mange de la viande avec des légumes, on évite le pain, le riz, les pommes de terre et les pâtes. On ne le fait pas pour maigrir, mais pour conserver un bon niveau d'énergie. Si vous mangez du fromage, prenez une salade mais pas de pain. Faites le test ! Et notez dans un cahier comment vous vous sentez dans les heures qui suivent. Ceci sous réserve, bien entendu, que votre médecin ne vous ait pas prescrit un autre régime alimentaire, notamment si vous êtes diabétique.

- **Intuitivement, y a-t-il des aliments qui ne vous ont jamais vraiment convenus ou pas dans les quantités que vous mangez ?**
  On a parfois un sixième sens que l'on n'écoute pas vraiment. Observez dans les prochains jours le ou les aliments qui ne vous conviennent pas. Par exemple, les tomates peuvent être trop acides pour vous. Peut-être que le fromage n'a jamais été votre ami, mais que vous continuez d'en prendre par habitude ? Quand j'opte pour de la viande ou du poisson, je le mange en petite quantité (entre 50 et 80 g) et cela me convient beaucoup mieux en terme énergétique. Et vous ?

2 JE SUIS FATIGUÉ, MON SOMMEIL N'EST PAS RÉPARATEUR

Si vous êtes fatigué parce que vous ne vous octroyez pas assez de temps de sommeil, l'alimentation n'y changera rien, il faut juste vous coucher plus tôt ☺. Si vous êtes fatigué parce que vous avez des problèmes de sommeil ou un sommeil qui n'est pas suffisamment réparateur, combinez le chapitre précédent sur le sommeil avec l'approche alimentaire suivante.

JE PRENDS UN PETIT DÉJEUNER PROTÉINÉ

Pour avoir de l'énergie pendant la journée et bien dormir la nuit, j'ai besoin dès le matin de deux acides aminés (tyrosine et tryptophane) que l'on trouve dans les protéines.

Prenez une bonne dose de ces protéines dès le petit déjeuner ou emportez-les pour les manger au bureau dans la matinée si vous n'aviez pas le temps ou pas envie avant de partir. Les protéines peuvent être d'origine végétale ou animale.

Voici quelques idées de petit déjeuner protéiné :

1. Céréales complètes non sucrées avec du lait de vache ou végétal (amandes, soja, noisettes, châtaigne…).

2. Graines de chia ou de chanvre (elles sont riches en protéines) à laisser gonfler une nuit dans du lait végétal (on m'a fait goûter cette recette lors de la préparation de ce livre, une tuerie tellement c'est bon. J'ai adopté) ou avec un yaourt au soja nature (sans sucre ajouté pour éviter les coups de pompe).

3. Pain aux graines ou pain complet avec de la purée d'oléagineux (amande, sésame…), tapenades, houmous ou guacamole (purée d'avocat) par exemple.

4. Un ou deux œufs ou un reste de volaille, de viande ou de poisson.

Pour que votre petit déjeuner soit équilibré, rajoutez un fruit entier (pour les fibres et les vitamines), des crudités (concombre, carotte, tomate, avocat) ou un reste de légumes.

Vous ne devez pas avoir faim dans les quatre à cinq heures après votre petit déjeuner, sinon augmentez la quantité de protéines et assurez-vous de manger également des fibres (céréales complètes, un fruit, un légume ou des crudités).

MON REPAS DE MIDI COMPREND AUSSI DES PROTÉINES VÉGÉTALES OU ANIMALES

JE PRENDS UN GOÛTER

Il est composé d'un fruit entier (pas de jus pour éviter le coup de pompe), d'un mélange de noix ou de fruits secs et d'un peu de chocolat noir. Ce goûter vous donnera une bonne énergie jusqu'au repas du soir et favorisera la préparation de la mélatonine, l'hormone du sommeil.

MON REPAS DU SOIR NE CONTIENT DE PRÉFÉRENCE PAS DE GRANDES QUANTITÉS DE PROTÉINES

Évitez, voire réduisez, les protéines animales, surtout le bœuf, le porc et les produits laitiers. Elles contiennent beaucoup de tyrosine, qui vient en concurrence avec l'absorption de tryptophane, nécessaire pour disposer de mélatonine. Ne mangez pas trop lourd, car la digestion fait monter votre température corporelle, qui doit baisser pour bien dormir.

3 J'AI DES COUPS DE POMPE PENDANT LA JOURNÉE

L'alimentation est essentielle pour éviter les coups de pompe qui sont souvent la conséquence de ce que l'on a mangé ou bu dans les deux heures qui précèdent. Avant d'entrer dans le vif du sujet, bien dormir et bouger sont bien entendu également la base pour avoir une bonne énergie.

Comment fonctionne notre organisme? Nous mangeons des aliments à indice glycémique élevé, c'est-à-dire avec une teneur en sucre naturel ou ajouté élevée. Notre taux de sucre dans le sang augmente et résultat : le pancréas libère de l'insuline pour réduire le taux de sucre, trop élevé pour notre organisme. L'insuline fait rapidement chuter le taux de sucre qui va être transformé en partie en glycogène (pour alimenter nos muscles, notre cerveau, notre cœur en énergie) et en partie… en graisse. Cette transformation est tellement efficace que votre cerveau s'alarme d'avoir trop peu de sucre et libère un puissant message : « Taux de sucre dans le sang trop bas, redonnez-moi vite du sucre. » Je reprends donc un soda, du chocolat ou un gâteau.

En mangeant des aliments à indice glycémique bas, vous aurez une bonne énergie diffusée en continu pendant la journée, plutôt qu'un yo-yo énergétique (sucre, coup de pompe, sucre, coup de pompe…).

De plus :

- Vous éviterez la prise de poids liée au sucre que l'insuline adore stocker en graisse.

- Vous éviterez la fatigue chronique liée au yo-yo énergétique, ainsi que le stress qui en résulte. En effet, quand l'insuline fait chuter le taux de sucre, le cerveau va non seulement nous pousser à manger à nouveau du sucre pour faire remonter son taux, mais les glandes surrénales vont produire de l'adrénaline, l'hormone du stress.

- Vous diminuerez notamment le risque de diabète sucré de type 2, qui peut survenir à cause d'une trop fréquente consommation de sucre, particulièrement en cas de prédisposition génétique et en cas d'obésité.

Privilégiez les aliments et boissons à indice glycémique bas et évitez les aliments et boissons à indice glycémique élevé.

INDICE GLYCÉMIQUE BAS	INDICE GLYCÉMIQUE ÉLEVÉ
☞ Céréales complètes ou semi-complètes, pain complet (IG bas à moyen) ☞ Légumineuses ☞ Légumes (au moins la moitié de votre assiette) ☞ Fruits entiers (pas de jus même frais, car vous perdez les fibres du fruit et il ne reste que le pic de sucre du jus !). Certains fruits sont plus sucrés (ananas, melon, raisins, cerises), ainsi que la confiture de fruits ☞ Oléagineux (mélange de différentes noix) ☞ Chocolat noir de préférence à minimum 70% (chocolat au lait a un IG moyen) ☞ Eau, tisane (non sucrée) ☞ Combinez ces aliments avec des protéines au petit déjeuner et à midi pour ralentir l'absorption du sucre	☞ Baguette, pain de mie, pain blanc ☞ Pommes de terre ☞ Pâtes blanches ☞ Céréales sucrées ☞ Galette de riz (le riz blanc est à indice glycémique moyen) ☞ Biscuits, gâteaux, bonbons ☞ Sodas et alcool ☞ Jus de fruits (même frais)

Si vous ne voulez pas vous priver complètement des aliments à l'indice glycémique élevé, mangez-les en petites quantités et en même temps que d'autres aliments à l'indice glycémique bas. Par exemple, une pomme avec un biscuit vous fera faire beaucoup moins de yo-yo énergétique que trois biscuits sucrés seuls. Ou le matin, privilégiez un œuf, une demi-banane et des noix avec un peu de céréales sucrées plutôt que seulement un bol de céréales sucrées. À l'apéro, associez l'alcool à un morceau de pain complet, des noix, des crudités, des tapenades, des houmous par exemple.

J'ai dit que je ferais leur fête aux sodas. Indiquer leur équivalent en morceaux de sucre par canette de 33 cl devrait suffire : Monster (8,4 morceaux de sucre), Tropico (7,9), Coca (7), Orangina (6,6), Oasis (6), Tonic (5,7 morceaux, vous pensiez que c'était moins ?), Red Bull (5,5), Ice Tea (5,2), Sprite (4,4)[37]. Chaque soda que vous buvez est donc une bombe de sucre, d'autant plus dommageable que vous la buvez hors des repas. Petit rappel, les sodas light ou zéro produisent un effet similaire[38] voire pire car une large étude a mis en lumière que les personnes qui ont pris un soda light absorbent ensuite davantage de calories car elles sont déculpabilisées par le soda light[39] !

Pour beaucoup d'entre nous, le repas le plus problématique est le petit déjeuner. Si la majorité des habitants du monde mangent protéiné et salé le matin, ce n'est pas le cas dans l'Hexagone, qui préfère le pain à la confiture (34%), les viennoiseries (27%) ou pas de petit déjeuner du tout (20%)[40]. Si c'est votre cas, c'est sans doute votre premier grand défi : changer définitivement cette habitude et opter pour un petit déjeuner protéiné et non sucré (ou très peu sucré)[41]. C'est indispensable pour avoir un sommeil réparateur et mettre fin aux coups de pompe en journée.

Si vous avez encore une petite baisse de régime après le repas de midi, testez soit la microsieste (de 5 à 20 minutes) au bureau ou à la maison, soit une petite marche au grand air après votre repas pour mettre en route votre digestion. Testez ce qui vous convient, prenez des notes et introduisez lentement le changement.

4 JE COMMENCE À AVOIR RÉGULIÈREMENT DES MAUX (tendinites, maux de tête, eczéma, stress, fatigue, douleurs...)

Le mode de vie moderne mène à un dérèglement de notre équilibre acide-base (le fameux pH). En super résumé, le fait de ne pas dormir assez, de ne pas bouger suffisamment, de manger trop acide (protéines animales, plats préparés, baguette et pain blanc, snack sucrés et salés, sodas, alcool, tabac) et le rythme de la vie moderne qui entraîne un stress chronique mènent à une acidification de tout notre corps avec un climat inflammatoire. Celui-ci risque de vous infliger différentes plaintes, de plus en plus chroniques.

Bien entendu, prenez d'abord rendez-vous chez votre médecin pour faire le point.

En parallèle, souvenez-vous que corps et esprit forment un tout et que pour bien fonctionner, cet ensemble a impérativement besoin des ingrédients suivants :

- Suffisamment de sommeil : 7 à 9 heures par nuit.
- Une alimentation la plus alcaline (non acide) possible : faites le plein de fruits et légumes à chaque repas (voir les astuces proposées p. 44 pour y arriver).
- Et d'autres éléments dont nous parlerons plus loin : bouger (notamment pour éliminer les déchets acides par les poumons et la peau), boire (éliminer par les reins), gérer les émotions, les conflits, le stress, donner un sens à sa vie, respecter ses valeurs.

Si vous êtes fatigué, vous aurez tendance à vous tourner vers des aliments plus acides (snacks sucrés et salés, plats plus gras) et moins envie de bouger, ce qui provoquera un mauvais sommeil et encore plus de fatigue. Je ne suis pas pour les grandes révolutions, car elles comportent toujours un effet boomerang. Toutefois, si vous vous reconnaissez dans les lignes qui précèdent, vous pourriez aller vous coucher 15 minutes plus tôt, manger davantage de fruits et légumes et marcher 15 minutes par jour. Tous les jours, notez comment vous vous sentez et comment vont vos différents maux. N'oubliez pas qu'une acidification et un terrain inflammatoire installés durant des années, voire des décennies, peuvent prendre un certain temps avant d'être neutralisés grâce à un équilibre davantage alcalin. Vous allez d'abord ressentir un regain d'énergie, une meilleure gestion du stress et alors seulement une amélioration de vos problèmes chroniques.

5 MON HUMEUR N'EST PAS AU TOP

J'ai un peu moins de plaisir qu'avant, moins de joie. Mon humeur est moins bonne. Peut-être même que je déprime un peu… Et en fait, je ne sais pas pourquoi.

Une humeur altérée peut avoir de nombreuses causes. Pensez à dormir suffisamment, à faire de l'exercice physique, à voir vos amis, à ne pas laisser des conflits latents vous pourrir la vie, à prendre un temps suffisant de récupération, à ne pas en faire trop et à ne pas avoir une charge mentale trop lourde. N'oubliez pas qu'il y a des moments dans le cycle menstruel de la femme plus difficiles pour l'humeur.

Nous allons ci-dessous observer comment notre alimentation peut avoir un impact positif sur notre humeur.

Première chose : pensez à hydrater suffisamment votre corps et votre cerveau en buvant de de 1,5 à 2 litres d'eau par jour que vous sirotez tout au long de la journée. À défaut, vous risquez la fatigue, la somnolence, la nervosité, l'anxiété et la tristesse[42].

Pensez à manger protéiné au petit déjeuner pour davantage de tyrosine, le précurseur de la dopamine, l'hormone de l'énergie et de l'élan (voir ci-dessus) et évitez les coups de pompe liés au yo-yo énergétique qui stressent votre corps et l'acidifie (voir ci-dessus).

Privilégiez les fruits, légumes et poissons : une étude a démontré que les personnes qui en mangent beaucoup diminuent de 26% leur risque de souffrir de dépression[43]. Réduisez l'excès de mauvais gras trans contenus notamment dans les produits proposés dans les fast-foods, les viennoiseries, plats préparés, pizzas. Selon une autre étude, les gros consommateurs de ces graisses avaient un risque de dépression augmenté de 48%[44] !

Veillez à de bons taux de vitamines B9, B12, D et de magnésium (lire aussi p. 101).

6 JE SUIS RÉGULIÈREMENT CONSTIPÉ

Je vous invite à tester les quatre choses suivantes :

- Une cure de probiotiques pendant 30 jours pour améliorer votre flore intestinale, le microbiote (en pharmacie, en magasin bio ou sur internet).

- Manger cinq fruits et légumes par jour : ils forment la moitié de votre assiette à chaque repas, dès le petit déjeuner. Les fruits entiers doivent être privilégiés car les jus ne contiennent plus les fibres indispensables à un bon transit. Une casserole de soupe toujours prête dans le réfrigérateur. Prévoyez-la épaisse pour éviter le reflux.

- Ma gourde d'eau est ma meilleure amie. Je bois 1,5 à 2 litres d'eau par jour.

- Je fais de l'exercice physique. J'essaie de marcher chaque jour au minimum trente minutes.

Pensez à bien respecter ces quatre règles même quand vous n'êtes pas chez vous, mais au bureau, au restaurant, chez des amis ou en vacances. Si la constipation persiste, parlez-en à votre médecin.

7 JE ME PRÉPARE À PERDRE DU POIDS

En toute honnêteté, je ne vais pas pouvoir vous aider à perdre du poids. En revanche, pour y parvenir et pour ne pas le reprendre dans l'année comme 80% des personnes qui ont perdu du poids[45], je vous invite à oublier l'idée de maigrir ainsi que votre balance, le temps de vous mettre en condition pour y parvenir.

Pensez à d'abord booster votre sommeil, car il est impossible de maigrir quand on est fatigué.

Ensuite, boostez votre alimentation pour avoir un bon niveau d'énergie (petit déjeuner protéiné, stop au yo-yo glycémique) et un bon équilibre acide-base (fixez-vous 50% de fruits et légumes). Faites en sorte de bouger un maximum : marcher chaque jour minimum deux fois quinze minutes au grand air et aller dans la nature au moins deux heures le week-end pour marcher d'un bon pas. Si vous avez des soucis émotionnels (un enfant difficile, un couple qui bat de l'aile, un collègue irritant, un patron qui vous dévalorise, trop de travail, un malade dans la famille, un deuil, un licenciement), n'essayez pas de maigrir, stabiliser votre poids sera déjà bien.

Voyez si, lorsque vous avez une charge émotionnelle (tristesse, colère, ennui, déprime), vous vous dirigez vers le frigo, l'armoire à provisions ou le distributeur de snacks sucrés ou salés et de sodas. Constater que c'est en effet notre mode de fonctionnement, c'est déjà 50% du chemin effectué. Pour stopper ce schéma émotionnel répétitif, trouvez des alternatives telles que boire un verre d'eau plate ou pétillante, avec ou sans le jus d'un demi citron, avoir des pommes à disposition ainsi qu'un mélange de noix, de fruits secs et un peu de chocolat noir de préférence à minimum 70%. Ou octroyez-vous l'aliment convoité, mais après avoir écrit dans un cahier quelle circonstance et quelle émotion vous ont amené à en avoir envie. Une autre astuce consiste à prendre cet aliment, mais en patientant cinq minutes. Souvent, on s'aperçoit que l'envie est passée.

Le jour où vous êtes prêt, que tout va bien et que votre niveau d'énergie s'est amélioré, prenez rendez-vous avec un nutritionniste ou un diététicien qui vous accompagnera dans la perte de poids.

8 ET QUELQUES AUTRES PETITES ASTUCES

- **Planifiez !**
  Profitez du week-end pour établir vos menus de la semaine et faites votre liste de courses en fonction de vos menus. Cela permet de concrétiser vos bonnes intentions. Ne vous laissez pas trop tenter par des produits qui ne sont pas sur votre liste. La planification est essentielle pour améliorer la qualité de votre alimentation !

- **Quelles boissons privilégier et quand ?**
  La seule boisson nécessaire est l'eau, indispensable pour nous hydrater. Si vous souhaitez privilégier l'eau du robinet pour des raisons économiques et écologiques, glis-

sez un bâton de charbon actif dans une carafe d'eau pour la filtrer naturellement (à partir de 10 € tous les six mois). Il convient de boire 1,5 à 2 litres par jour d'eau ou de tisane.

Commencez la journée par un verre d'eau, éventuellement avec le jus d'un demi-citron (détox et alcalin).

Il est recommandé de ne pas consommer plus de 200 mg de caféine par jour. En effet, elle affecte le système nerveux central (sommeil perturbé, anxiété, changement de comportement) et, à terme, le rythme cardiaque[46].

☞ Le café doit être limité à environ deux tasses par jour : 90 mg de caféine par tasse. De par son caractère diurétique, il élimine davantage nos nutriments, tels que le magnésium, essentiel pour une bonne gestion du stress.

☞ Le thé peut être consommé jusqu'à quatre tasses : 50 mg de caféine par tasse.

☞ Les boissons énergétiques : 80 mg de caféine par tasse.

☞ Une canette de Coca : 50 mg de caféine.

Peut-on boire en mangeant ? Oui, par exemple un verre d'eau. D'ailleurs, la satiété viendra plus rapidement, notamment par le gonflement des fibres avalées[47]. Et vous ne risquerez pas de vous déshydrater.

Nous avons déjà évoqué la consommation d'alcool ci-dessus, qui déshydrate. Pensez à boire davantage d'eau lorsque vous en consommez.

Comme nous avons tendance à avoir une alimentation trop acide, vous pouvez autant que possible diminuer le lait animal pour le remplacer par des laits végétaux (amandes, noisettes, châtaignes, soja).

- **Pourquoi dit-on que l'on devrait privilégier les aliments complets (pain complet, pâtes complètes, riz complet) ?**

Dans la farine blanche utilisée pour la baguette, le pain ou les pâtes, le blé a été raffiné pour lui retirer sa gaine, l'enveloppe du grain. Or, c'est justement là que se trouvent les fibres dont nous avons besoin pour un bon transit intestinal, ainsi que la grande majorité des nutriments. Même explication pour le riz complet. En choisissant des aliments complets bio, vous évitez aussi les pesticides.

- **Non, améliorer notre alimentation ne coûte pas plus cher**

Si vous réduisez le nombre

de repas avec de la viande et la quantité de viande par repas, vous faites de belles économies que vous pouvez consacrer à du poisson (choisissez les promos ou les surgelés, souvent moins chers).

Les protéines végétales (lentilles, haricots blancs ou rouges, pois chiches, fèves...) sont très bon marché comparées à la viande. Avec ces économies, pourquoi ne pas tester quelques fruits et légumes bio ? En les achetant dans des magasins qui se fournissent chez des petits producteurs locaux, vous allez de plus retrouver des saveurs incroyablement délicieuses.

Et pour réduire encore le coût de vos fruits et légumes, achetez uniquement ceux de saison. Planifiez d'acheter une fois par mois une céréale ou un légume de saison que vous n'avez jamais préparé jusque-là.

L'eau du robinet est beaucoup moins chère que les jus, les sodas ou l'alcool. Avec l'argent épargné, achetez par exemple des mélanges de noix et du chocolat noir de préférence à minimum 70%.

Et cerise sur le gâteau, faites votre liste de courses chez vous au moment de la planification de vos repas et n'achetez pas en dehors de votre liste. Ce sont des frais supplémentaires et généralement des produits sucrés, salés ou plus gras que vous choisirez. Ce sont rarement deux kilos de carottes. Encore des économies.

- **Prendre soin de mon intestin**

Les nutriments sont absorbés par notre intestin, notre deuxième cerveau. L'intestin est la première barrière naturelle de défense. Un microbiote (notre flore intestinale) en bonne forme diminue notamment les risques d'hypersensibilité au stress et de dépression[48].

Le saviez-vous ? L'intestin contient 200 millions de neurones, les mêmes que dans le cerveau. Ceux de l'intestin produisent autant de dopamine (l'hormone du plaisir) que le cerveau et sécrètent jusqu'à 95% de la sérotonine (le précurseur de l'hormone du sommeil) présente dans notre corps[49] ! Alors, quand on sait à quel point ces hormones sont importantes pour notre bien-être physique et mental, autant prendre bien soin de notre intestin.

On veille à un apport suffisant en :

☞ Probiotiques (les bonnes bactéries dans notre intestin) : cornichon, légumes lactofermentés (choucroute, miso, tempeh), yaourt de soja non sucré. Ou on fait une cure de minimum 30 jours de probiotiques (en pharmacie, en magasin bio ou sur internet).

- Prébiotiques (nutriments pour nourrir les bonnes bactéries): ail, oignon, poireau, asperge, orge, avoine, agrumes (citron, orange, pamplemousse), kiwi, graines de lin et de chia.

On évite tout ce qui perturbe le fonctionnement des intestins comme la malbouffe, les sucres raffinés, le stress, le manque de sommeil, d'activité physique... car ils peuvent rendre l'intestin perméable, provoquant une mauvaise absorption des nutriments et une entrée des toxines alimentaires (pesticides, métaux lourds ou microbes) de l'intestin vers le sang. Les substances étrangères qui entrent dans le sang pourraient favoriser le développement de maladies auto-immunes[50].

- **L'activité physique**

Qu'est-ce que l'activité physique vient faire dans un chapitre sur l'alimentation ? Et bien si vous avez fait des excès alimentaires, n'hésitez pas à les compenser en vous bougeant. Ça marche !

- **Nos petites ou grandes addictions**

Le saviez-vous ? Avant d'en arriver à l'épuisement, les personnes fatiguées ou stressées ont presque toujours développé des addictions : café, sucre, tabac, alcool ou drogue. Plus de café et de sucre pour compenser leur fatigue. Plus de tabac, d'alcool ou de drogue pour apaiser leur stress.

Après le premier confinement, 27% des fumeurs disaient fumer en moyenne 5 cigarettes de plus par jour, 11% disaient boire davantage d'alcool. Ce qui doit attirer votre attention, c'est l'augmentation de substances (de carburant) pour compenser le manque de sommeil ou pour « gérer » votre stress. Interrogeons-nous sur ce que cachent ces besoins addictifs et corrigeons la source, dormir davantage par exemple ou travailler activement la gestion de son stress (vous trouvez tous les trucs et astuces pour y parvenir p. 156).

To do list pour bien s'alimenter

- Changer ses mauvaises habitudes alimentaires à raison d'une tous les quinze jours, pas plus
- Prendre un petit déjeuner protéiné
- Manger 5 fruits et légumes par jour
- Privilégiez les aliments complets
- S'hydrater tout au long de la journée
- Profiter du week-end pour établir ses menus de la semaine

IDÉES POUR MON PLAN D'ACTION INDIVIDUEL

Changements uniques (one-shots) :

Changements récurrents :

mon activité PHYSIQUE

S'il ne faut retenir qu'une chose, c'est celle-ci : bouger donne de l'énergie, ne pas bouger coûte de l'énergie.

« La fatigue du corps est la santé de l'âme. »

Proverbe français

« *Sitting is the new smoking.* » Notre génération souffre de la sédentarité et de ses conséquences : surpoids, douleurs musculo-squelettiques, troubles du sommeil, maladies cardiovasculaires.

Ne vous flagellez pas si vous ne bougez pas assez, vous n'êtes pas le seul. Moins d'un adulte sur trois respecte les recommandations de l'OMS : pratiquer au moins 2 heures 30 d'activité physique d'intensité modérée par semaine[51]. On observe que plus nous sommes stressés ou fatigués, moins nous avons envie de bouger ou de faire du sport. Toutefois, gardez à l'esprit cette citation du philosophe Arthur Schopenhauer : « Point de santé si l'on ne se donne tous les jours suffisamment de mouvement. »

Gardez peut-être à l'esprit les deux idées suivantes :

- Si vous travaillez assis, levez-vous au moins toutes les heures pour vous étirer et bouger.
- Marcher deux fois quinze minutes par jour est le minimum indispensable pour être en bonne santé.

1 JE N'AI PAS D'ÉNERGIE POUR BOUGER

Pour booster votre énergie et disposer de vos 50 petites cuillères chaque matin, pensez à bouger ! Pas besoin nécessairement d'aller à la salle de sport ou de courir, marcher convient. Bien sûr, si vous voulez en faire davantage c'est parfait, mais essayez de ne pas descendre en dessous de 30 minutes de marche par jour (ou n'importe quelle autre activité physique à la place). Vous pouvez les répartir par exemple en marchant 15 minutes avant le travail, excellent pour vous préparer à votre journée – et 15 minutes après – excellent pour laisser votre travail derrière vous et arriver détendu dans la sphère privée. Pensez aussi à éviter les ascenseurs pour privilégier les escaliers.

« La marche est le meilleur remède pour l'homme » est une citation attribuée à Hippocrate. Marcher active votre métabolisme. Votre sang sera mieux oxygéné pour alimenter vos muscles et aussi votre cerveau. Votre corps sera plus fatigué en fin de journée, ce qui permettra un sommeil de meilleure qualité. Marcher procure les bénéfices suivants pour votre santé physique : réduction des maladies du cœur et des accidents vasculaires cérébraux, baisse de la tension artérielle, diminution du taux de 'mauvais' cholestérol sanguin, prévention de l'ostéoporose, atténuation des conséquences négatives de l'arthrose et soulagement des maux de dos. Et par l'apport de sang et d'oxygène au cerveau, la sécrétion de neurohormones, qui favorise la bonne humeur et l'énergie[52].

Marcher procure aussi une détente qui stimule notre intuition et notre créativité.

Et comme si cela ne suffisait pas, notre santé mentale est boostée aussi : « La marche, surtout quand vous marchez en bonne compagnie et dans un endroit agréable, réduit la dépression et l'anxiété. De plus, les marcheurs sont souvent de bons dormeurs[53]. »

Je n'ai jamais utilisé de montre connectée, mais il y a de nombreux fans dans mon entourage. Votre montre va vibrer lorsque vous ne vous êtes pas levé depuis un certain temps, elle vous dira le nombre de pas effectué tous les jours, vous pouvez vous fixer des objectifs et recevoir en fin de journée des médailles ou une pluie de confettis pour vous féliciter ! Pour choisir votre marque, demandez autour de vous ou regardez les comparatifs sur internet (à partir de 60 €, mais comptez plutôt 200 €).

2 POURQUOI MARCHER DANS LA NATURE EST EXTRAORDINAIRE ?

On dit que la nature harmonise l'être humain. Si vous arrivez fatigué dans la nature, marchez une vingtaine de minutes et constatez par vous-même que vous vous sentez en meilleure forme. Si vous arrivez stressé, énervé, contrarié, marchez pareillement une vingtaine de minutes et observez comme vous vous êtes détendu.

C'est prouvé et mesuré par plus de 350 études scientifiques sur cinq continents : au contact de la nature, des arbres et du vert, notre tension artérielle baisse, nos hormones de stress reviennent à la normale, notre humeur s'améliore. Ainsi, « les risques de maladies cardiovasculaires diminuent, ainsi que le diabète de type 2, l'obésité, les troubles de l'anxiété et la dépression. Elle améliore nos capacité d'apprentissage, notre concentration, notre mémoire de travail. Elle atténue la fatigue mentale et peut même accroître l'optimisme, l'empathie, l'altruisme et renforcer la confiance en soi[54]. »

Saviez-vous que vivre dans un quartier sans arbres ni jardins augmente de 25% le risque d'être dépressif [55] ? C'est pourquoi il ne faut pas hésiter à se mettre le plus souvent possible au vert.

On parle beaucoup des bains de forêt. Vous pouvez essayer seul. Allez dans un bois, flânez, regardez, sentez, observez les oiseaux et écoutez les bruits. Asseyez-vous au pied d'un arbre qui vous plait. Rêvassez. Touchez la mousse.

Écoutez votre intuition, amusez-vous de votre créativité retrouvée. J'anime des groupes dans la forêt et je suis toujours émue de voir comment se reconnecter à la nature peut bouleverser ceux qui ne l'ont plus fait depuis l'enfance, voire jamais auparavant.
Cela vous tente ? Je vous ai préparé une petite vidéo explicative !

SE RESSOURCER DANS LA NATURE

Essayez ces petites techniques de connexion aux arbres.

3 JE NE FAIS PLUS DE SPORT

Votre sommeil est suffisamment bon, votre alimentation vous évite les coups de barre et la fatigue un peu chronique et vous avez mis en place les 30 minutes par jour de marche. Votre prochaine étape est toute tracée : prenez le temps de pratiquer une activité physique. Ces jours-là, la marche n'est pas indispensable.

Plusieurs avantages sont évidents :

- Éliminer les toxines de votre corps par la transpiration (c'est-à-dire par la peau) et par une respiration plus intense (c'est-à-dire par les poumons).
- Oxygéner votre corps, ce qui vous donnera une bonne énergie.
- Renforcer votre capacité cardiaque.
- Évacuer les effets du stress éventuel.
- Réguler votre poids.
- Booster votre plaisir grâce à l'endorphine produite par votre corps. Youpi !

Pour tous ceux qui n'ont pas le temps de faire du sport, j'ai lu ceci sur les réseaux sociaux : « Faire du sport 40 min - Pas le temps. Regarder un épisode Netflix 40 min - Pas de souci. » J'ai trouvé cela percutant.

Vous pouvez très bien regarder un épisode de votre série préférée en pratiquant une activité physique chez vous, comme des exercices de gym ou de musculation sur un petit tapis de sol devant la télévision. Pas besoin d'un vélo d'appartement ou d'un équipement plus sophistiqué pour vous y mettre.

Planifiez quand vous pouvez pratiquer une activité physique. Vous êtes plutôt du matin ? L'heure de midi vous convient mieux? Après le travail ou le week-end ? Choisissez le ou les moments et prenez rendez-vous avec vous-même.

Toutes les activités physiques sont bonnes, à condition de transpirer. En extérieur, dans la nature, en salle de sport, chez vous seul ou en ligne.

Si vous êtes moyennement motivé, pratiquer à plusieurs est un bon moyen de se stimuler. Voici ce que fait l'une de mes amies : elle sélectionne un vidéo sportive sur YouTube (yoga, Pilates, Zumba, renforcement musculaire...), puis elle lance une visioconférence avec une amie et partage l'écran de sa vidéo. Ainsi, elles font du sport ensemble, à heure fixe, sans avoir besoin de se déplacer. Super idée à appliquer pendant la pause de midi ou quand les enfants sont couchés.

4 J'AI DES TENSIONS MUSCULAIRES

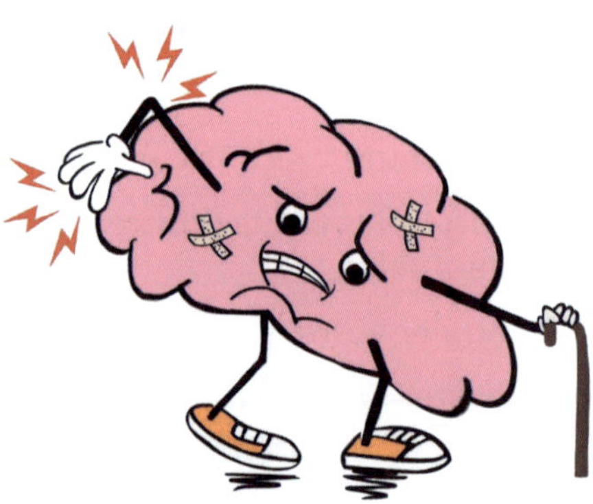

46 % souffrent de maux de dos, 44 % de douleurs aux mains ou aux bras et 30 % de douleurs aux jambes[56]. Cela fait beaucoup de travailleurs qui souffrent de tensions dites musculo-squelettiques.

LA BASE

Vérifiez l'ergonomie de votre poste de travail avec le personnel interne ou externe compétent. Et adoptez les bonnes postures recommandées.

POUR CEUX QUI TRAVAILLENT DEVANT UN ÉCRAN D'ORDINATEUR

- Lisez nos conseils pour un poste de travail et du matériel adapté p. 172. Et une fois bien installé, pensez à vous lever le plus souvent possible !

- Pensez à inspirer profondément et à expirer plus lentement encore régulièrement, souriez, détendez-vous, baissez les épaules, relâchez vos muscles.

- Évitez les tensions dans la nuque, les bras, les mains et le dos en changeant de position le plus souvent possible ou en vous levant régulièrement.

- Installez, pourquoi pas, une alarme toutes les heures pour faire une pause de deux ou trois minutes. Ou votre montre connectée peut vibrer automatiquement pour vous rappeler de vous lever. Allez à la cuisine, aux toilettes, étirez-vous, accroupissez-vous, faites deux minutes d'exercices, respirez profondément, buvez un peu d'eau. Seul ou avec votre équipe. Bonne humeur assurée !

- Faites vos réunions en ligne en position debout ou levez-vous régulièrement. Marchez pendant vos appels téléphoniques, etc. Toutes les excuses sont bonnes pour réduire la sédentarité.

- Bouger un maximum hors des heures de bureau. Marchez, faites du sport, évitez de cumuler les heures assis au bureau en journée et dans le canapé le soir.

5 LE YOGA DES YEUX, C'EST QUOI ?

« Les yeux sont le miroir de l'âme », a écrit Cicéron. C'est joli comme citation, mais ici, ce n'est pas de l'âme que nous prendrons soin, mais de nos yeux.

58 % des sondés disent avoir déjà ressenti des troubles visuels à cause du temps passé sur les écrans et 25 % les ressentent souvent[57]. Et vous, ressentez-vous un peu de fatigue des yeux ? Avez-vous une moins bonne vue qu'autrefois ?

Que ce soit au travail ou dans nos loisirs, nous passons de longues heures par jour devant un écran. Les yeux fixent cet écran et ne s'accommodent pas en permanence à la vision de près et de loin, comme ce serait le cas si nous étions en mouvement en intérieur ou en extérieur.

Le regard fixe entraîne de la fatigue oculaire et une fainéantise des yeux. Le yoga des yeux va soulager votre vue et, pour ne rien gâcher, il a un effet bénéfique sur la concentration, car il agit comme la méditation sur notre cerveau.

QUELQUES IDÉES POUR FAIRE DU BIEN À VOS YEUX !
Testez et adoptez ce qui vous plait.

- **PALMING : une séance pour détendre vos muscles oculaires**
  Ce mot curieux vient de la paume des mains. Toutes les heures durant 45 secondes, frottez vos paumes de main l'une contre l'autre pour les chauffer et les remplir d'énergie. Posez les paumes en creux sur vos yeux, les doigts se croisant sur le front. Veillez à ce que vos yeux soient bien plongés dans le noir. Détendez vos mâchoires, votre nuque, votre ventre. Inspirez trois fois lentement par le nez et expirez tout aussi lentement, bouche légèrement ouverte. À l'inspire, pensez à respirer en gonflant votre ventre et à le dégonfler à l'expire.

- **LE YOGA DES YEUX**
  Les problèmes de vue proviennent d'une déformation du globe oculaire qui, au lieu d'être rond, s'allonge ou se ratatine ou gondole. Cette déformation se produit en raison d'une tension, d'un stress exercé sur les muscles du globe oculaire[58]. Le yoga des yeux permet d'étirer les muscles des yeux comme vous étireriez les autres muscles de votre corps.

Voici un petit enchaînement d'une dizaine de minutes. Oui oui, 10 minutes, rien que pour vos yeux. Vous pouvez le faire chaque jour pendant un mois et constater des améliorations.

PALMING (comme ci-dessus)

1. Première étape : vos yeux fixent un point devant vous.
- ☞ Penchez lentement votre tête vers l'arrière puis vers l'avant. Faites-le une deuxième fois. Revenez à la position neutre.
- ☞ Penchez votre tête lentement vers la gauche puis vers la droite. Faites-le une deuxième fois. Revenez à la position neutre.
- ☞ Répétez le tout, pensez à garder une respiration fluide, lente, profonde, mâchoires relâchées et épaules basses.

PALMING

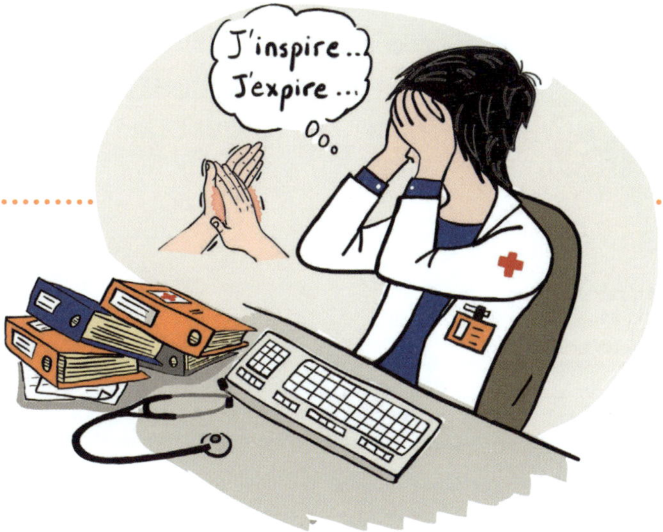

2. Seconde étape : cette fois, c'est votre tête qui ne bouge pas.

- Vos yeux regardent vers le haut, puis vers le bas. Faites-le une deuxième fois. Revenez à la position neutre.
- Vos yeux regardent vers la gauche, puis vers la droite. Faites-le une deuxième fois. Revenez à la position neutre.
- Répétez le tout, pensez à garder une respiration fluide, lente, profonde, mâchoires relâchées et épaules basses.

PALMING

3. Troisième étape : faites des diagonales avec les yeux.

- Vos yeux regardent du coin en haut à gauche vers le coin en bas à droite. Faites-le une deuxième fois. Revenez à la position neutre.
- Vos yeux regardent du coin en haut à droite vers le coin en bas à gauche. Faites-le une deuxième fois. Revenez à la position neutre.
- Répétez le tout, pensez à garder une respiration fluide, lente, profonde, mâchoires relâchées et épaules basses.

PALMING

4. Quatrième étape : faites des cercles avec les yeux.

- Vous faites trois grands cercles avec les yeux dans un sens sans bouger la tête, puis trois grands cercles dans l'autre sens.

PALMING

YOGA DES YEUX

Vous préférez voir une vidéo ?
Scannez le QR Code et on fait le yoga des yeux ensemble !

To do list pour se bouger

✓ Marcher dès qu'une occasion se présente
✓ Se connecter avec la nature
✓ Trouver une activité physique qui me plaît
✓ Tester le palming ou yoga des yeux

IDÉES POUR MON PLAN D'ACTION INDIVIDUEL

Changements uniques (one-shots) :

Changements récurrents :

mon CERVEAU

« Quand la tête va, tout va. »

Michel Cymes, *Votre cerveau*

Nous savons beaucoup de choses sur le sommeil, l'alimentation ou l'importance du sport, même si nous n'appliquons pas toutes nos connaissances toujours à la lettre. Mais que savons-nous sur la façon dont il faudrait prendre soin de notre cerveau, cet organe que nous sollicitons bien davantage que nos parents ou nos grands-parents ?

Nous cumulons souvent six, sept ou huit heures par jour devant un ordinateur, encore davantage depuis la crise sanitaire, le télétravail et ses interminables visioconférences, le tout suivi durant notre temps libre par en moyenne plus de cinq heures sur les écrans par jour[59]. La quantité d'informations soumises au cerveau est énorme. Il convient donc de prendre soin de lui si on ne veut pas être victime de problèmes de concentration, de motivation, de mémorisation, mais aussi subir des dérèglements de nos émotions !

Prendre soin de son cerveau ?

C'est par ici !

1 JE BOOSTE MON CERVEAU

• Le sommeil

Comme le corps, le cerveau récupère pendant le sommeil. Pour démarrer en pleine forme, le cerveau a donc également besoin de 7 à 9 heures de sommeil par nuit. Vous êtes sceptique ? Faites le test : dormez cinq heures seulement et essayez de faire un travail qui demande de la concentration, essayez d'être efficace, créatif et observez comment vous gérez émotionnellement un collègue ou un enfant difficile.

1 heure 30 avant d'aller vous coucher, n'utilisez plus votre smartphone, tablette, ordinateur ou liseuse. Pourquoi ? À cause de la lumière bleue qui empêche la libération de la mélatonine, l'hormone du sommeil, et également à cause de la suractivité cérébrale liée à la quantité d'informations croisée et le rythme de fonctionnement du cerveau[60]. Même si vous vous endormez, le cerveau prendra jusqu'à 1 heure 30 pour se mettre en mode récupération. Si vous dormez 7 heures mais avez utilisé votre smartphone avant votre coucher, votre cerveau n'aura reçu que 5 heures 30 de récupération. C'est trop peu pour être en forme intellectuellement et émotionnellement le lendemain.

• Temps blancs en journée (aussi appelés « mode par défaut »)

« Le cerveau a besoin de s'échapper de temps en temps. Ce vagabondage mental, appelé « mode par défaut », permet de régénérer ses ressources, de mémoriser les informations, d'organiser ses connaissances, de trouver des idées créatives et de résoudre des problèmes complexes, mais aussi de réguler ses émotions[61] », explique Caroline Cuny, professeure et chercheuse en psychologie. Le cerveau opère un ancrage inconscient des apprentissages, qui est une manière de travailler la mémoire et l'attention. L'effet est similaire à celui obtenu par le sommeil[62].

Il faut alterner attention soutenue et attention flottante : ne rien faire, regarder dans le vide ou par la fenêtre, se balader dans la nature et se laisser émerveiller, boire une tisane en rêvassant, prendre un bain, lire un livre, faire un puzzle, tricoter, dessiner des mandalas.

En nous emparant toujours plus souvent de notre smartphone, nous avons tendance à réduire considérablement les temps blancs dans la journée, nos moments de « mode par défaut ». Ceci a un impact négatif sur le bon fonctionnement du cerveau et sur la création de notre mémoire[63]. Pensez à vous autoriser à nouveau des petits moments de temps blanc au quotidien.

- **L'oxygénation**

  Le cerveau consomme 20% de l'oxygène que nous inspirons ! Sans bonne oxygénation, pas de bon fonctionnement du cerveau. L'oxygène est transporté dans le cerveau grâce au sang.

  Sans surprise, une bonne oxygénation passe par de bonnes artères. Bien s'alimenter et faire du sport sont importants, non seulement pour une bonne santé du corps, mais aussi du cerveau.

  Pour bien charger le sang en oxygène, vous pouvez apprendre à mieux respirer, pratiquer une activité physique ou méditer.

- **L'alimentation**

  Protégez vos artères en mangeant des fruits, des légumes, des noix, des légumineuses, de l'ail, de l'huile d'olive et des poissons gras et en évitant le sucre raffiné, le sel et les mauvaises graisses (lire p. 43 et 45).

  Pour que l'oxygène se fixe dans le sang et arrive jusqu'au cerveau, il vous faut un bon taux de fer. Vous en trouverez dans les lentilles, les haricots blancs, le persil, les fruits secs, le foie, les rognons, le boudin noir, l'agneau, les huîtres, les palourdes, les céréales complètes sans sucres ajoutés, le sésame, le tofu. L'absorption du fer est améliorée par la vitamine C. Pensez à manger un fruit après ces aliments.

  Pour que la membrane des neurones soit en bon état et afin de faciliter les connexions neuronales (ce qui est vraiment très important !) : mangez des oméga 3 que vous trouverez dans les petits poissons gras (sardines, maquereaux, anchois, harengs), mais aussi dans le saumon (pas trop souvent pour ne pas faire le plein de métaux lourds), l'huile de lin, l'huile de colza, les œufs et les oléagineux. En cas de carence en oméga 3, vous risquez de rencontrer des difficultés dans vos apprentissages et votre travail de mémorisation, de moins bien dormir et d'avoir un rapport au plaisir altéré. Rien que ça !

  Pour favoriser la mémoire et un bon fonctionnement cognitif (c'est-à-dire la capacité à percevoir, à se concentrer, à apprendre, à raisonner, à s'adapter et interagir avec les autres), il vous faut aussi des vitamines B9 et B12. Les aliments riches en vitamine B9 : betterave, fenouil, épinards, œufs, foies de veau, d'agneau et de poulet. Aliments riches en vitamine B12 : huîtres, palourdes, foies de veau, d'agneau et de poulet. Ou prenez des compléments alimentaires.

  Pour protéger votre cerveau, il vous faut des antioxydants tels que les choux (chou-fleur, choux vert, rouge, rave, kale et de Bruxelles, brocoli) et les baies (cassis, myrtilles, airelles, mûres, canneberges). Et pour le développement de votre cerveau, vous pouvez prendre des algues telles que la spiruline.

LE SAVIEZ-VOUS ?

Le cerveau consomme 20% des calories que nous mangeons[64] !
Il a besoin d'énergie et de glucides (toutefois pas du sucre raffiné, qui n'est bon pour rien).

Pour rappel, il existe deux sortes de glucides :

- Les sucres simples tels que le fructose des fruits entiers ou le sucre contenu dans un carré de chocolat noir, disponibles plus rapidement pour le cerveau. Le sucre blanc raffiné, industriel, est aussi un sucre simple, mais celui-là, on ne veut plus trop le consommer, car il n'est pas bon.

- Les sucres complexes tels que ceux contenus dans les céréales complètes, pâtes complètes, riz complet, patates douces, pommes de terre, légumineuses (pois chiches, fèves, haricots blancs, lentilles) donneront une source continue et stable de sucre, de glucide, au cerveau.

Enfin, les protéines contribuent à la fabrication de la dopamine, une hormone qui favorise la concentration. Idéalement, on mange des protéines le matin et à midi.

Le saviez-vous ? Le poids sec du cerveau est composé à 60 % de graisses. Donc pour favoriser la plasticité cérébrale, donnez-lui le bon gras dont il a besoin : des oméga 3.

Ces recommandations vous paraissent trop nombreuses ? Elles reflètent surtout une alimentation saine et équilibrée. Notez quelques aliments cités ci-dessus et mettez-les systématiquement sur votre liste de courses.

- **L'hydratation**

Le cerveau est à 80% composé d'eau[65]. Dès que le cerveau manque d'eau, nos capacités intellectuelles et mentales sont impactées : diminution de la vigilance, de la concentration, de la mémorisation, de la faculté de raisonnement, augmentation de l'anxiété, de la nervosité et de la tristesse.

Idéalement, on pense à boire de l'eau toutes les heures pour arriver à une consommation située entre 1,5 et 2 litres par jour. Ayez toujours avec vous une petite bouteille d'eau ou une gourde et un verre d'eau sur votre bureau. Au début, mettez une alarme toutes les heures pour y penser et en faire une habitude.

- **L'impact positif de l'activité physique**

L'activité physique n'est pas seulement bonne pour notre corps, elle est aussi bonne pour la santé de notre cerveau !

Nous l'avons vu, l'activité physique favorise un meilleur transport de l'oxygène vers le cerveau, mais elle va également augmenter la production de neurotransmetteurs et de nouveaux neurones et libère des hormones de bien-être qui contribuent à notre santé mentale :

- ☞ La sérotonine, qui régule notamment le sommeil, l'anxiété, la douleur, les comportements alimentaires.
- ☞ La noradrénaline, qui impacte notamment l'attention, la vigilance, les émotions, l'apprentissage, la mémoire, le niveau de stress.
- ☞ La dopamine, qui influe sur la motivation, le sommeil, la mémoire, le raisonnement, l'apprentissage, l'attention, la prise de décision.
- ☞ L'endorphine, aussi appelée l'hormone du plaisir, si vous pratiquez un sport d'endurance (natation, jogging, cyclisme…).

L'activité physique réduit les sources de stress : pendant votre pratique, vous ne pensez généralement à rien d'autre (ni au travail, ni aux enfants, ni à votre liste des choses à faire) et vous vous videz la tête. Évitez l'hyperperformance. Nous sommes là pour nous faire plaisir, pas pour nous fixer des objectifs stressants émotionnellement et physiquement. Si vous sentez des pensées émerger, choisissez de les laisser passer sans vous y accrocher. S'entraîner à se vider la tête fait drôlement du bien.

- **L'impact négatif du stress**

Le stress a un impact sur l'émergence des maladies cardiovasculaires. Adopter les trucs et astuces proposés dans la gestion du stress (p. 156) qui seront bénéfiques pour réduire ce risque et faire du bien à votre cerveau.

- **L'impact négatif des addictions**

Le tabac réduit l'apport d'oxygène dans le cerveau et impacte la bonne santé des artères. L'alcool diminue notamment les capacités d'attention, de raisonnement et de prise de décision. Le cannabis a les mêmes effets et réduit le QI sur le long terme[66].

- **La plasticité cérébrale**

Contrairement à ce que l'on a longtemps pensé, les neurosciences ont révélé que le cerveau est un organe capable de se régénérer tout au long de la vie grâce à la production de nouvelles connexions neuronales.

Grâce à l'exercice et à la pratique, nous pouvons remodeler notre cerveau en permanence. La mémoire et la concentration peuvent donc se travailler à n'importe quel moment de notre vie.

- **La méditation**

Pour le psychiatre Christophe André, la méditation est au cerveau ce que l'exercice physique est au corps. « Nous considérons encore trop souvent notre corps et notre cerveau comme deux entités séparées. En réalité, ils ne forment qu'un seul tout et sont liés indissociablement l'un à l'autre. Ils méritent par conséquent tous deux notre attention[67]. »

La méditation consiste à s'arrêter, à se poser un temps, pour respirer lentement et calmer nos pensées. Ce flux incessant de pensées qui peut être si fatigant et que l'on compare parfois au hamster qui tourne sans fin dans sa roue, ou le petit vélo qui pédale sans jamais s'arrêter. La méditation permet de se détendre et de se connecter davantage à son ressenti, à ses émotions, à son intuition et de prendre ainsi de meilleures décisions.

Calmer le flux incessant des pensées peut se faire assis, debout, en marchant ou allongé. Il suffit de consciemment se dire que pendant un certain temps (1 minute au début, puis 3, 5, 10, 15, 20) chaque fois qu'une pensée émerge, on la laisse passer et on revient inlassablement au flux de sa respiration, j'inspire lentement et j'expire encore plus lentement. Concentré sur sa respiration, on ne pense à rien d'autre. Le hamster s'est arrêté de tourner. C'est un sentiment très agréable qui amène détente, connexion à soi et joie.

Au début, il est un peu difficile de s'y mettre, de se tenir tranquille, ne penser à rien et lâcher prise. On nous a appris à faire, pas à ne rien faire. Alors aidez-vous de vidéos sur YouTube ou de l'appli la plus répandue, Petit Bambou. Je vous propose une méditation guidée intitulée « Entrer dans le lac » (lire p. 164).

Lorsque l'on pratique régulièrement la méditation, celle-ci modifie la neuroplasticité du cerveau et a un effet très positif sur la concentration, la régulation des émotions et finalement, sur tout le bien-être psychologique[68].

2 JE BOOSTE MA CONCENTRATION

« S'il te plait, apprivoise-moi !. »

Antoine de Saint-Exupéry, *Le Petit Prince*

C'EST QUOI LA CONCENTRATION ?

Clarifions d'abord ce que nous entendons par « attention » et par « concentration » :

- Être attentif c'est être pleinement présent à ce que l'on fait. « L'attention est délicate, elle répond mieux aux murmures qu'aux éclats de voix. Il faudra toujours se montrer prévenant, car son tempérament volage la rend sensible aux paillettes, à tout ce qui brille. Elle aime les rites, les habitudes, elle en a besoin, car elle a la mémoire courte[69] », a écrit très justement Anne de Pomereu.

- Être concentré, c'est réduire son champ d'attention, c'est faire une sorte de focus sur une tâche spécifique et fermer sa pensée à tout ce qui peut distraire de cette tâche.

Pour la petite anecdote, une étude a mis en lumière que nous ne sommes pas concentrés sur ce que nous faisons

47% du temps et que ce vagabondage attentionnel nous rend moins heureux ! Inversement, être plongé dans une activité qui demande toute notre attention, pour laquelle on ne voit même plus le temps passer, nous rend plus heureux[70].

POURQUOI C'EST BON DE SE CONCENTRER ?

En étant concentré, nous réalisons des tâches plus complexes, nous atteignons nos objectifs, ce qui aura pour effet d'augmenter notre satisfaction personnelle et professionnelle ainsi que notre estime de nous. « Avoir la maîtrise de son attention, c'est avoir la maîtrise de ce qui occupe son esprit, la maîtrise de sa vie mentale et finalement de sa vie tout court. L'enjeu est immense[71] », dit le neuroscientifique Jean-Philippe Lachaux.

Procrastiner (remettre à plus tard ce que l'on peut faire tout de suite) a l'effet inverse, la culpabilité est au tournant, notre estime de nous diminue, ce qui peut mener à la dépression.

NOTRE CONCENTRATION EST-ELLE DEVENUE L'OTAGE DES ÉCRANS ?

Tout d'abord, nous observons une captation de notre attention par les fournisseurs de contenus électroniques (séries, vidéos, jeux et réseaux sociaux). Notre attention, notre temps de cerveau disponible a une valeur inestimable pour les annonceurs et a même été surnommé « le nouvel or blanc ». Notre temps consacré aux écrans professionnels et privés est en constante augmentation de par :

- La tentation. La vidéo ou l'épisode suivant se déclenche automatiquement.
- Le caractère émotionnel des contenus – peur, stupeur, étonnement, surprise ou tendresse.
- Le fameux FOMO ou *Fear of Missing Out*, c'est-à-dire la peur de rater quelque chose.

En outre, notre concentration est régulièrement mise à l'épreuve :

- Même lorsque nous nous concentrons sur une activité qui n'est pas en lien avec les écrans, ceux-ci se rappellent volontiers à notre bonne mémoire (notifications, multiplication des appareils).
- Le sentiment généralisé d'urgence nous fait passer d'une tâche à l'autre, c'est le fameux multitasking.
- Et que doit faire notre cerveau de la masse d'informations qu'il croise ? La comprendre, la stocker, l'oublier ?

Toutes ces stimulations demandent un effort important et beaucoup de volonté pour parvenir à se (re-) concentrer. Avez-vous remarqué qu'à un moment, vous renoncez à faire cet effort ? Vous croisez enfin un article de fond intéressant sur votre site d'infos ou sur Facebook, et n'avez même plus envie de vous concentrer pour le lire. Vous laissez passer le navire.

IL EXISTE TROIS FORMES COMPLÉMENTAIRES D'ATTENTION

- **L'attention réactive :** il se passe quelque chose et je réagis. Exemple : un jeu vidéo. Les ados sont les champions toutes catégories confondues de l'attention réactive.

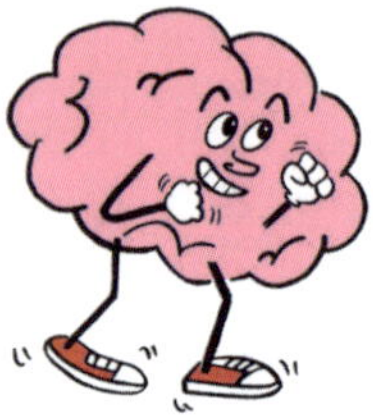

- **L'attention soutenue :** je peux me concentrer sur une tâche en différant le plaisir. Exemple : rédiger un rapport ou étudier pour un examen.

- **L'attention flottante :** je laisse mes pensées divaguer. Exemple : je regarde par la fenêtre en laissant ma pensée aller où elle veut.

L'attention soutenue est celle qui permet d'atteindre nos objectifs les plus ambitieux et d'obtenir une plus grande satisfaction. Elle est comme un muscle qui doit être entraîné. L'attention soutenue doit être éduquée, presque domptée, car sinon elle sera toujours distraite par ce qui est facile, brillant, nouveau. L'attention soutenue va induire un plaisir plus grand, mais celui-ci est différé dans le temps. Par exemple, un étudiant doit se concentrer pendant toute sa session d'examen et son plaisir est différé au moment où il reçoit son diplôme. Le plaisir est différé, mais il est plus important, plus durable : je suis fier de moi, ma confiance en moi est augmentée.

Après une phase d'attention soutenue, notre cerveau a besoin d'une phase d'**attention flottante**. C'est une phase de repos, mais aussi de consolidation de l'information, de la mémoire. Le cerveau va donner une place aux informations croisées et heureusement aussi, choisir d'en oublier certaines. Durant cette phase d'attention flottante (appelée aussi « mode par défaut » du cerveau), la créativité aura le champ libre pour laisser émerger de nouvelles idées. Il est donc indispensable que cette phase de repos ne soit pas remplie par un temps de smartphone, sinon le cerveau reçoit de nouvelles infos, un shoot de dopamine, et il ne peut pas faire son travail de consolidation. Gardez à l'esprit que le cerveau des personnes qui vont jusqu'au burn-out est affecté (difficulté de concentration, de coordination et de mémoire).

Si nous savons aujourd'hui que le cerveau peut se « régénérer » par la production de nouveaux neurones et de nouvelles connections neuronales, cela peut toutefois prendre jusqu'à deux ans. Pensez activement à vous autoriser ces moments blancs sans écran.

LE SAVIEZ-VOUS ?

Seuls 2,5% des gens sont réellement capables de multitasking. Ce qui signifie que pour la très grande majorité d'entre nous, quand on croit faire du multitasking, en réalité notre cerveau passe son temps à switcher d'une activité à l'autre, ce qui est épuisant en terme de concentration et contre-productif[72].

Après une interruption, il faut – selon les études – de trois à vingt-cinq minutes pour revenir à une attention soutenue[73]. En outre, les interruptions augmentent rapidement le stress et sont cause de davantage d'erreurs dans son travail. Évitez donc un maximum les interruptions lorsque vous avez besoin de vous concentrer sur une tâche.

POUR VOUS AIDER À VOUS CONCENTRER, VOICI LES RÈGLES D'OR !

- **Fixez-vous un objectif !**
  Comme disait Sénèque : « Il n'y a pas de vent favorable pour le navire qui ne connait pas son port. » L'objectif doit être atteignable, raisonnable. Si nécessaire, saucissonnez-le, travaillez en vous fixant des petits objectifs en plusieurs étapes. Vérifiez votre motivation et pensez à votre récompense ! Si vous êtes motivé, par exemple parce que le sujet vous intéresse, il sera beaucoup plus facile de vous concentrer. Si vous n'êtes pas très motivé, peut-être parce qu'au contraire, le sujet ne vous intéresse pas beaucoup ou parce que vous n'aimez pas ce que vous devez faire, pensez à la récompense… Celle-ci peut être matérielle (l'argent que vous allez gagner et qui va vous permettre de…) ou immatérielle (la reconnaissance du manager, des collègues, la satisfaction d'avoir fait votre travail, votre confiance en vous…).

- **Créez les bonnes conditions pour vous concentrer :**

  a. Pour être en forme physiologiquement : il est utile d'avoir dormi suffisamment, d'avoir mangé de quoi bien nourrir votre corps et votre cerveau, de boire de l'eau régulièrement, de connaître votre biorythme et choisir un moment de la journée favorable à votre concentration (début ou fin de matinée, début ou fin d'après-midi voire le soir ou le week-end).

b. Disposez d'un environnement propice.

- Visuel : mon bureau (la pièce et la table) doit idéalement être propre, rangé, ordonné.

- Sonore : l'absence de bruits évite à votre attention de se laisser distraire, donc pas de notifications, coupez les sonneries (testez le mode « ne pas déranger » de votre smartphone qui permet de n'être joignable que pour vos contacts favoris, regardez sur internet comment faire pour votre marque de smartphone). Si nécessaire mettez des bouchons d'oreille, un casque anti-bruit ou installez-vous dans une pièce séparée si cela est possible.

- Éloignez les tentations : j'éloigne les sources de tentations plutôt que d'essayer de résister. Un ex-fumeur sera moins tenté s'il n'y a pas de cigarette à proximité. Mettez par exemple votre smartphone hors de votre vue, idéalement dans une autre pièce. Une étude a démontré que la concentration chute fortement lorsque le smartphone est posé dans notre champ de vision[74].

- Au calme : pas d'interruptions par des tiers, indiquez que vous avez besoin de vous concentrer et ne souhaitez pas être dérangé.

c. Planifiez vos activités, ainsi votre esprit est apaisé et peut se concentrer.

d. Évitez le multitasking.

e. La méthode Pomodoro : lorsque j'ai une tâche à faire qui exige de ma part une grande concentration ou pour laquelle je procrastine parce qu'elle est difficile ou ne me plaît pas, je me concentre par tranches de 25 minutes et je m'offre une récompense de 5 minutes de pause après chaque tranche. Après trois à quatre sessions de travail, soit 1 heure 30 à 2 heures plus tard, je prends une plus longue pause de 25 à 30 minutes. La méthode tire son nom d'un minuteur de cuisine en forme de tomate. N'hésitez pas à utiliser le minuteur sur votre smartphone que vous ne laisserez pas à portée de vue !

La méthode Pomodoro

1
PLANIFIER
↓
Faites votre to-do list et choisissez une tâche qui exige de la concentration

2
TRAVAILLER 25 min.
↓
Concentrez-vous exclusivement sur la tâche choisie

3
FAIRE UNE PAUSE de 5 min.
↓
Bougez, buvez de l'eau, prenez l'air (sans écran)

4
FAIRE 4 SESSIONS de 25 min.
↓
Puis faites une pause de 15 à 30 min. (bougez, buvez, respirez, lisez vos emails)

f. Si votre concentration s'effrite :

- Ayez à proximité des post-it, une feuille ou un carnet, inscrivez-y les choses qui vous préoccupent, puis revenez à votre sujet.
- Acceptez le fait que nous avons tous des jours meilleurs que d'autres. Si votre concentration faiblit, notez-le avec bienveillance, sans culpabilité. Vous recommencerez plus tard.

- Gardez à l'esprit que fournir un effort, faire preuve de patience et peut-être ressentir du déplaisir sont inévitables, mais votre capacité à vous concentrer vous permettra d'atteindre votre objectif (intermédiaire ou final) qui vous procurera alors une réelle satisfaction et améliorera votre confiance en vous.

- Si malgré l'application de toutes ces règles d'or, il vous est toujours difficile de vous concentrer, souvenez-vous que la concentration est comme un muscle, elle s'entraîne. Testez la méditation pour apprendre à augmenter votre temps de concentration (lire p. 164).

3 JE SUIS BEAUCOUP SUR LES ÉCRANS

Voilà près de trente ans que nous travaillons sur ordinateur et près de quinze ans que les smartphones puis les tablettes, ont rejoint nos vies. Personne ne contestera le fait qu'il s'agit d'une grande avancée, très utile et à laquelle nous ne renoncerons pas, mais à la condition de ne pas nous laisser envahir, de poser des limites et des choix conscients.

Nous utilisons en moyenne plus de 5 heures par jour les écrans durant notre temps libre[75]. Si vous travaillez en outre toute la journée devant un ordinateur, vous vous offrez facilement entre 11 et 13 heures d'écran assis ou allongé au quotidien. Ça ne peut pas être bon pour notre corps et notre esprit, n'est-ce pas ?

LE SAVIEZ-VOUS ?

Nous attrapons notre smartphone en moyenne 150 fois par jour[76] ! Pire, cela sert à regarder en moyenne 3 000 écrans ! Imaginez la quantité d'informations, d'images que nous catapultons dans notre cerveau. Pas facile alors pour celui-ci de faire le tri entre info importante ou non. Et nous nous étonnons que notre mémoire ne soit plus aussi précise qu'avant ?

Pourquoi saisissons-nous si souvent notre smartphone ? Parce que lorsque nous entendons un petit son, nous nous demandons de quoi il s'agit, qui a pensé à nous. Notre cerveau libère de la dopamine, l'hormone du plaisir. Ensuite, le taux de dopamine redescend en-dessous du taux de départ et notre corps redemande de la dopamine, nous saisissons donc à nouveau notre smartphone. C'est exactement le mécanisme de l'addiction[77]. Quand vient s'ajouter en plus une certaine curiosité, le mélange explosif est bien présent !

Nombreux sont les experts qui font un lien entre utilisation excessive des nouvelles technologies et risque de burn-out. Nous n'accordons souvent pas un temps de récupération suffisant à notre cerveau. Pour rappel :

- Notre cerveau a besoin de récupérer la nuit en dormant de 7 à 9 heures et sans écran interactif avant le coucher afin de ne pas surexciter le cerveau avant l'endormissement.

- Notre cerveau a besoin de temps blancs (= le mode par défaut du cerveau) pendant la journée. Il clôture ainsi l'activité précédente avant de commencer la suivante : le cerveau trie les informations, décide de celles qu'il peut oublier et celles qu'il conserve, donne une place à ces dernières et ainsi se forme la mémoire et l'évolution de la personnalité. Si vous saisissez votre smartphone pour remplir ces temps blancs (en attendant l'ascenseur, dans la file chez le boulanger, au feu rouge…), vous empêchez votre cerveau de fonctionner normalement. Tôt au tard, votre cerveau va montrer des signes d'essoufflement : difficulté de concentration, perte de mémoire.

VOICI QUELQUES IDÉES POUR RÉDUIRE VOTRE TEMPS D'ÉCRAN :

- **Autorisez-vous de nombreux petits moments blancs pendant la journée,** sans saisir votre smartphone (au feu rouge, en attendant le bus…). Souriez et félicitez-vous de faire activement du bien à votre cerveau !

- Chaque jour, outre ces petits moments blancs, **faites des heures blanches** (par exemple pas d'écran avant d'arriver au travail ou durant votre pause de midi ou dans l'heure et demie avant de vous coucher). Chaque week-end, pensez à avoir de longs moments sans écran, et au moins une fois par mois, faites un jour blanc (minimum huit heures sans smartphone). Pendant les vacances, libérez votre cerveau ! Rangez votre smartphone hors de votre vue (dans un tiroir ou une autre pièce) et offrez-vous des **vacances blanches**.

- **Retirez toutes les notifications visuelles et sonores** de vos appareils, sauf pour les appels. Convenez avec votre entourage privé et professionnel que s'il y a urgence, il faut vous appeler. Vous ne consultez les SMS, What's App, Signal, Messenger et mails qu'à certains moments de la journée et un certain nombre de fois par jour seulement.

- **Exploitez pleinement la fonction « ne pas déranger ».** Elle vous permet d'être temporairement joignable par les personnes se trouvant dans vos contacts favoris uniquement (par exemple votre manager, vos enfants, vos parents âgés…) ou par celles qui vous appellent plusieurs fois de suite. Profitez au mieux de ces nouvelles fonctionnalités.
- **Utilisez la fonction « contrôle parental »** pour mettre une durée maximum par application dont vous souhaitez réduire votre temps d'utilisation, par exemple un réseau social ou un jeu.
- **Placez votre smartphone hors de votre vue et idéalement dans une autre pièce.** Une étude auprès d'étudiants a montré que si leur téléphone est à portée de vue, leur concentration est fortement réduite[78]. Donc le téléphone devrait idéalement être hors de vue (dans un tiroir, une mallette, un sac à main). En outre, si vous le mettez dans une autre pièce, vous serez moins tenté de le saisir.
- **Envisagez d'avoir un smartphone privé et un smartphone professionnel** pour mieux scinder les choses.
- **Si vous n'en avez pas, achetez un réveil pour faire de votre chambre une zone sans smartphone.** Cela ne vous convient pas ? Pensez à mettre votre smartphone en mode « avion ». Si vous devez être joignable la nuit, mettez votre smartphone en mode « ne pas déranger ». Posez alors votre smartphone le plus loin possible de votre tête. Dans tous les cas, évitez dans l'heure et demie avant de dormir les activités qui stimulent intensément votre cerveau, telles que les jeux, les clics et scroll intenses. Si ce n'est pas le moment idéal pour vous de supprimer votre smartphone ou la tablette au lit, pourquoi ne pas investir dans une paire de lunettes antilumière bleue (à partir d'une vingtaine d'euros) ou un film antilumière bleue, à coller sur votre écran de smartphone (à partir d'une vingtaine d'euros également) ?
- Afin de profiter d'un temps de récupération qualitatif : **sauf urgence et si votre travail le permet, ne consultez pas vos messages professionnels ni avant ni après vos heures de travail,** et pas le week-end non plus. Le plus souvent, nous le faisons par simple curiosité, pour faire comme les collègues et ne pas être mal vu. Le fait de rester en lien avec le travail empêche la juste séparation entre nos vies professionnelle et privée. Donnez-vous à 100 % quand vous êtes au travail, ne vous dispersez pas. Et profitez à 100 % de votre temps libre.

Et ménagez vos yeux ! Je vous renvoie au chapitre consacré au yoga des yeux (p. 69) pour toutes les astuces pratiques sur comment ménager vos yeux si vous passez beaucoup de temps sur les écrans.

APPLIQUER LES ASTUCES PROPOSÉES CI-DESSUS FERA UN BIEN IMMENSE À VOTRE BIEN-ÊTRE MENTAL ET ÉMOTIONNEL. Passez des accords avec vous-même et vérifiez régulièrement que vous n'avez pas relâché votre attention. Au même titre que les bonnes pratiques sur le sommeil, l'alimentation ou le sport, veillez à réduire son temps d'écran est aujourd'hui indispensable.

To do list pour mon cerveau

- ✓ Bien s'alimenter et bouger
- ✓ Se fixer des objectifs
- ✓ Bien répartir son temps
- ✓ Chouchouter sa concentration
- ✓ Apprendre à se reposer
- ✓ Pratiquer la méditation
- ✓ Adopter les petits moments blancs

IDÉES POUR MON PLAN D'ACTION INDIVIDUEL

Changements uniques (one-shots) :

Changements récurrents :

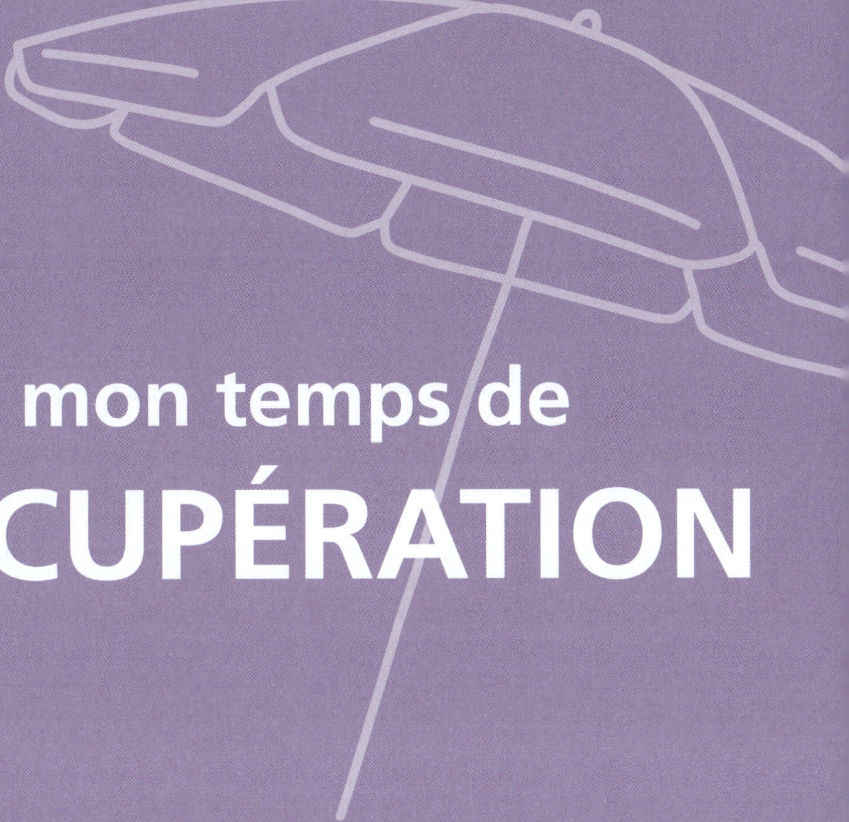

mon temps de RÉCUPÉRATION

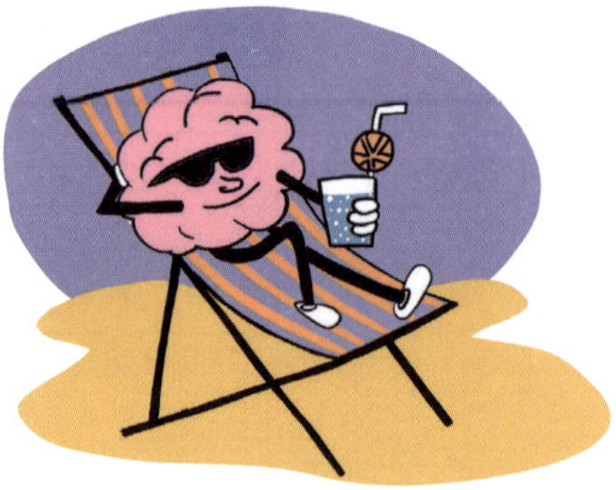

« Après l'effort, le réconfort. »

Dans une société où le culte de la réussite et de la performance sont hypervalorisés, où l'image que l'on donne de soi sur les réseaux sociaux est tout le temps positive (on ne poste bizarrement pas de photo de soi affalé dans le canapé, en jogging avec les cheveux gras après une insomnie ou quand nos enfants font une crise), on pourrait en arriver à penser que nous devons toujours être au top de notre forme, frais comme des fleurs. Résultat : on se met une réelle pression, on a des listes de choses à faire à rallonge, sans un temps qualitatif de récupération.

« Le problème aujourd'hui n'est pas le stress, mais le fait que les gens ne récupèrent pas suffisamment. Simplement fermer les yeux et respirer trois fois profondément. C'est déjà une bonne manière de récupérer. Une bonne nuit de sommeil aussi. Et peu importe que vous dormiez, mais tout simplement être allongé aide aussi. La récupération est essentielle » dit très justement Tal Ben-Shahar, qui a été professeur de psychologie positive à l'université de Harvard[79].

Les sportifs de haut niveau ménagent leurs efforts avant une compétition. Ils veillent à la qualité de leur sommeil, à leur alimentation et aux boissons qu'ils consomment, ils s'entraînent mais pas trop et ils programment aussi un moment de détente et de plaisir. Ainsi, ils sont fin prêts pour se donner à fond lors de leur compétition. Après la compétition, ils prennent toujours un temps de récupération suffisant !

Et nous, simples mortels, nous agissons parfois comme si nous étions immortels, increvables, plus forts que des sportifs de haut niveau. Nous enchaînons dossier sur dossier, urgence sur urgence, nous sacrifions notre temps de sommeil pour pouvoir réaliser notre ambitieux programme (ou parfois aussi passer du temps devant nos écrans). Nous sommes de plus en plus sédentaires, assis sur nos chaises de bureau ou dans notre canapé. Dans ces conditions-là, nous pouvons nous fatiguer, vider nos batteries, nous diriger lentement mais sûrement vers l'épuisement.

Quand un enfant est fatigué, on le met à la sieste. Et nous, quand on est fatigué, on prend un café, un Coca ou une barre énergétique. Pas top, tout cela !

C'EST QUOI, UN TEMPS QUALITATIF DE RÉCUPÉRATION ?

Nous sommes tous différents. Arrêtez-vous un instant et demandez-vous ce qui est important pour vous, comment, idéalement, recharger vos batteries après un effort. Vous octroyer un peu plus de sommeil, une sieste, lire un livre, tricoter, faire des mots croisés ou des sudokus, voir un ami ou une amie, faire une balade, embrasser un arbre, aller au cinéma ou au restaurant, prendre un bain ? La seule chose importante, c'est que vous ne soyez pas sans cesse dans le faire, dans l'action, dans les listes à rallonge, mais que vous parveniez à (re)créer des moments de réelle détente, de récupération, de temps libre sans obligations.

Il faut permettre tant au corps qu'au cerveau de récupérer. Si vous êtes assis toute la journée, bougez pendant votre temps libre. Par contre, si vous avez été debout toute la journée, profitez de votre canapé. Si vous avez passé beaucoup d'heures sur l'ordinateur pendant votre travail, réduisez un maximum les écrans lors de votre temps libre.

Passer en moyenne plus de cinq heures par jour de son temps libre sur les écrans ne peut pas être du temps de récupération qualitatif. Réduisez votre temps d'écran et remplacez-le par des passe-temps (sport, jardinage, balades, sorties, amis et famille, lecture) qui rechargent vos batteries et vous permettent de récupérer. Je suis sûre que vous avez des idées, sinon rendez-vous p. 108. Toutes les sources de plaisir sont bonnes à prendre, et n'oubliez pas d'y inclure du temps dans la nature !

Osez le farniente, osez ne rien faire de soi-disant utile. Juste pour le plaisir d'être et non de faire ! Juste pour vous.

OUI, MAIS C'EST ÉGOÏSTE DE PRENDRE DU TEMPS POUR SOI

Non, ce n'est pas égoïste, c'est juste du bon sens. Comment pouvez-vous prendre bien soin des autres si vous ne savez pas prendre soin de vous ? Comme le dit si joliment Thomas d'Ansembourg :

> *« Si je prends soin de l'autre en me négligeant moi-même, j'entretiens la négligence et non le soin. »*

S'il vous est difficile de prendre soin de vous, repensez à ces deux images :

- Dans un avion dépressurisé, il convient de mettre d'abord son propre masque à oxygène avant d'aider les autres, même si ce sont vos enfants.

- La lionne, qui a la réputation de s'occuper très bien de ses petits, se nourrit avant de nourrir ses lionceaux. Comment pourrait-elle chasser dans la durée si elle s'affaiblit en se sacrifiant ?

To do list pour bien récupérer

✓ Accepter de prendre du temps pour soi
✓ Alterner moments d'activité et moments de repos
✓ Apprendre à ne rien faire

IDÉES POUR MON PLAN D'ACTION INDIVIDUEL

Changements uniques (one-shots) :

Changements récurrents :

mon petit CHECK-UP

1 MON MÉDECIN GÉNÉRALISTE

Nous l'avons vu, une visite chez le médecin et une prise de sang vous diront si une cause biologique est à l'origine de votre fatigue et sinon, améliorer votre sommeil, votre alimentation et bouger vous remettront en forme.

De manière générale, si vous prenez des médicaments ou que vous souffrez d'une maladie sous-jacente, consultez votre médecin avant de modifier vos habitudes, notamment alimentaires ou sportives.

Pour chacun d'entre nous, une fois de temps en temps, et régulièrement à partir de quarante ans, consultez votre médecin généraliste pour une prise de sang générale et un check-up médical. Préparez ce rendez-vous médical, faites la liste de ce qui fonctionne bien et de que vous pensez devoir peut-être vérifier auprès d'un spécialiste. Notez à l'avance toutes vos questions ou remarques que vous auriez (je suis plus souvent fatigué, je transpire la nuit, je ronfle, je dors mal, je suis constipé, je suis plus facilement essoufflé qu'avant, j'ai pris du poids, je perds mes cheveux, je gère moins bien le stress qu'avant, j'ai une tendinite, je pleure facilement…).

Dans la prise de sang, votre médecin pourra notamment vérifier :

- La fonction thyroïdienne
- L'hémogramme (globules blancs, rouges, plaquettes)
- La glycémie à jeun (risque de diabète)
- Le profil lipidique
- Le bilan martial – bilan du fer (surtout pour les femmes réglées et les véganes)
- La fonction hépatique
- La fonction rénale et l'ionogramme
- Les vitamines B9 et B12 (essentielles notamment au bon fonctionnement du cerveau)
- La vitamine D (immunité, humeur, force musculaire, prévention du cancer…)

2 MES EXAMENS PRÉVENTIFS

De nombreux examens de prévention des maladies ne sont pas effectués chez certains d'entre nous : manque d'information, oubli, scrupules à prendre la place d'un patient malade pour faire uniquement de la prévention. Si c'est votre cas, je vous invite à le faire.

Mesdames, pensez à prendre rendez-vous pour :

- Frottis du col de l'utérus : tous les 3 ans ou selon la fréquence conseillée par votre médecin.
- Mammographie : le médecin généraliste ou le gynécologue vous donnera une prescription pour faire réaliser la mammographie chez un radiologue ou un gynécologue disposant des appareils nécessaire (radiologie et échographie). À partir de quarante ans, tous les 1 à 2 ans selon vos antécédents ou selon la fréquence conseillée par votre médecin.

Messieurs, pensez à prendre rendez-vous pour vérifier votre prostate à partir de cinquante ans.

Pour tous :

- Grains de beauté : faites-les vérifier tous les 3 ans par un dermatologue ou selon la fréquence conseillée par votre médecin
- Test des selles ou coloscopie : dès cinquante ans, la fréquence est à établir avec votre médecin.

3 JE BOOSTE MON IMMUNITÉ

Tout ce dont nous avons parlé ci-dessus va booster notre immunité, qu'il s'agisse de dormir suffisamment, d'avoir une alimentation variée et équilibrée ou de faire assez d'exercice physique au quotidien. C'est la base.

En outre, 5 éléments favorisent particulièrement votre immunité :

- **La vitamine D :** elle est entre autres indispensable à une solide immunité, à la force musculaire et à la bonne humeur.
  Quelles en sont les sources ?

☞ Se mettre au soleil (visage et avant-bras nus) au minimum 15 minutes par jour. J'ai testé, je marche énormément au grand air et ça ne suffit pas à faire monter suffisamment mon taux de vitamine D.

- Privilégier des aliments qui la contiennent : l'huile de foie de morue, le maquereau, le saumon (pas trop souvent pour ne pas faire le plein de métaux lourds), la truite, le jaune d'œuf.
- La prendre en complément quotidien ou hebdomadaire. Demandez conseil à votre médecin ou pharmacien. Sachant qu'une très grande partie de la population est carencée en vitamine D, c'est très important de penser à se complémenter[80].

- **Le magnésium :** il permet de retrouver de l'énergie, un sommeil de qualité et une meilleure résistance au stress ! Si l'on en manque, on risque fatigue, stress, crampes musculaires, tremblements, irrégularité du rythme cardiaque... Une trop forte consommation de thé et de café, tout comme le stress, provoque une élimination accrue du magnésium. On ne peut pas bien mesurer le magnésium dans le sang, c'est pourquoi on regarde les symptômes, voire les améliorations, lorsqu'on augmente sa prise.

  Quelles en sont les sources ?
  - Les eaux riches en magnésium (Hépar, Badoit, Contrex...)
  - L'alimentation : sardines, oléagineux (noix, noix de pécan, noix du Brésil, cacahuètes, pignons de pin...), chocolat noir, épices (curry, gingembre, poivre...), céréales complètes, algues.
  - Un complément alimentaire : de nombreux médecins recommandent de le prendre toute l'année, particulièrement aux femmes.

- **La vitamine C :** elle contribue au maintien de la fonction immunitaire, des fonctions cognitives (concentration, raisonnement, mémoire), antioxydant, prévention des rhumes, réduction du risque de maladies cardiovasculaires (quand la source est l'alimentation).

  Quelles en sont les sources ?
  - Les fruits et légumes colorés et crus : poivrons rouges, kiwis, oranges, citrons, pamplemousses, framboises, fraises, brocolis, tomates.
  - Les compléments alimentaires quand on a un refroidissement par exemple.

- **Le zinc :** il a un impact positif majeur sur notre système immunitaire, notre système nerveux et des propriétés antioxydantes contre le stress oxydatif. Ce dernier terme est quelque peu rébarbatif mais il faut savoir que le stress crée un climat acide, oxydant tant pour le corps que le cerveau, qui peut être la source de nombreux soucis tels que les douleurs musculo-squelettiques ou le burn-out. Si besoin était de se convaincre encore des bienfaits du zinc sur l'immunité, une étude récente a mis en évidence que les patients atteints du

Covid qui disposaient d'une bonne quantité de zinc (et de sélénium) faisaient des formes moins graves et guérissaient plus rapidement[81]. En cas de carence, vous pouvez ressentir une grande fatigue, avoir de l'acné, de l'eczéma et souffrir des conséquences d'un système immunitaire affaibli. Comme toujours, le mieux est de veiller à un bon apport de zinc par l'alimentation.

Quelles en sont les sources ?

☞ Les sources animales (les plus efficaces) sont les fruits de mer (huitres, palourdes…), le foie, les viandes, fromages, œufs, poisson.

☞ Les sources végétales sont les céréales entières, les légumineuses, noix et graines oléagineuses, légumes frais et pommes de terre.

☞ Vous pouvez aussi faire des cures de gluconate de zinc (en pharmacie, en magasin bio ou sur internet), à prendre à jeun, à distance d'autres compléments alimentaires ou médicaments.

- **Le sélénium :** ce puissant antioxydant permet un bon fonctionnement du système immunitaire et de la glande thyroïde (cette glande qui se trouve dans votre cou et exerce une fonction centrale sur tout votre métabolisme).

Quelles en sont les sources ?

☞ La noix du Brésil : une par jour suffit à couvrir l'apport quotidien recommandé !

☞ Les poissons et fruits de mer, foie de poulet et viandes, céréales complètes.

IDÉES POUR MON PLAN D'ACTION INDIVIDUEL

Changements uniques (one-shots) :

Changements récurrents :

le BONHEUR est dans le pré

« La gaîté est la moitié de la santé. »

Proverbe tchèque

1 JE ME FAIS PLAISIR

La composante plaisir est une source importante de petites cuillères d'énergie. Vous pouvez dormir, manger et bouger comme il se doit, si vous n'avez pas de plaisir, ou des sources de déplaisir, des contrariétés importantes, cela vous freinera dans votre élan de vie. Pour Épicure, « Le plaisir est le commencement et la fin de la vie heureuse. »

Qu'entend-on par plaisir ?

Nous sommes tous différents, les sources de plaisir sont très variables d'une personne à l'autre. Ce qui est sûr, c'est que nous avons besoin de nous faire plaisir à titre individuel, en famille, entre amis. Nous faire plaisir aussi grâce aux contacts sociaux que nous entretenons et avoir des satisfactions privées et professionnelles.

VOICI QUELQUES IDÉES POUR BOOSTER VOTRE PLAISIR :

- Prenez le temps de **dresser la liste de ce que vous aimez faire seul,** durant votre temps libre. Pas pour faire plaisir aux autres, mais uniquement pour vous. Y consacrez-vous suffisamment de temps ? Si vous en manquez, identifiez ce qui vous fait le plus plaisir et planifiez-le.
- Ensuite, **faites la liste des gens que vous aimez voir**. Les voyez-vous assez souvent ? Si ce n'est pas le cas, prenez rendez-vous.
- **Évitez autant que possible les personnes qui pompent votre énergie** ou réduisez le temps passé avec elles ou espacez les rencontres. Vous voyez bien de qui je veux parler ?
- **Apprenez à dire non.** Osez. Le médecin et psychothérapeute Thierry Janssen aime à répéter que ce n'est que lorsqu'on a appris à dire non que l'on est capable de dire oui franchement. Oui, à la vie. Oui, à mes envies. Oui, au plaisir.
- **Le plaisir au travail est important** aussi : quand vous réalisez une tâche ou quand vous l'avez terminée. Ce plaisir a du sens pour vous, parce que vous êtes reconnu pour vos compétences et votre engagement, parce qu'on vous remercie, parce que vous respectez vos valeurs, parce que vous contribuez à un projet commun.

  J'ai mis une vie à me défaire de cette phrase que ma maman répétait inlassablement : « D'abord le travail, ensuite le plaisir. » J'aurais dû croiser Confucius plus tôt, qui disait, lui :

« Choisissez un travail que vous aimez et vous n'aurez pas à travailler un seul jour de votre vie. »

Nous avons tous des tâches à accomplir que nous aimons moins que d'autres, mais veillons à faire la majeure partie de notre travail avec plaisir, créons un environnement agréable, positif, dans le respect de nous-même et des autres plutôt que de courir d'une mission à une autre en oubliant que « ce n'est pas la destination mais la route qui compte ».

- Prenons le temps – entre deux tâches, deux rendez-vous, deux visioconférences – de nous arrêter, de respirer, de bouger, de boire de l'eau, de prendre de la hauteur, de ressentir. C'est une question que je me pose souvent par rapport au contenu de mon travail, mais aussi par rapport à la manière dont je le fais : est-ce que j'ai du plaisir ? Parfois, cela tient à pas grand-chose de réintroduire une forme de réjouissance dans ce que l'on fait. Un sourire, une touche d'humour, une parole gentille peuvent suffire.

- Pourquoi ne pas vous fixer comme objectif d'avoir minimum cinq sources de plaisir tous les jours ? Vous pourriez dresser une longue liste de choses qui vous font plaisir et puiser dedans au quotidien pour être sûr d'y arriver. Au moment du coucher, passez votre journée en revue et vérifiez que c'est bien le cas !

2 JE BOOSTE MON BONHEUR AU TRAVAIL

> ***« Le bonheur n'est pas une destination, mais une façon de voyager. »***
>
> **Margaret Lee Runbeck**

Les recherches en neurosciences montrent que ce n'est pas le succès qui apporte le bonheur, mais le bonheur qui entraîne le succès ainsi que la performance, la productivité et la créativité[82].

VOICI LES INGRÉDIENTS IMPORTANTS POUR SE SENTIR ÉMOTIONNELLEMENT BIEN AU TRAVAIL.

1. **Le sens :** mon travail a du sens, je me sens utile.

2. **Les valeurs :** mon travail respecte mes valeurs, les valeurs de l'entreprise sont mises en œuvre, pas seulement inscrites sur un papier.

3. **L'autonomie :** je peux travailler de manière autonome, ma hiérarchie n'exerce pas de micro-management sur mes activités.

4. **Les compétences :** mon travail fait appel à mes compétences. Il n'est ni trop simple, ni trop complexe pour moi.

5. **L'appartenance :** je fais partie d'un projet, d'une équipe.

6. **La reconnaissance :** mon travail est reconnu par mes collègues et par ma hiérarchie.

7. **La communication :** entre collègues et avec la hiérarchie, la communication est transparente, je n'ai pas peur de parler, je peux poser des questions, j'ai accès aux informations qui me sont utiles, je livre les informations dont les autres ont besoin.

8. **L'équité et l'impartialité :** la hiérarchie est équitable et impartiale, tout le monde est logé à la même enseigne.

9. **Le soutien :** je me sens soutenu par mes collègues et par ma hiérarchie, nous sommes solidaires pour atteindre les objectifs fixés.

10. **Le respect :** je me sens respecté par mes collègues et par ma hiérarchie, j'évite les ragots, ma parole et celle des autres sont irréprochables.

QUE FAIRE SI UN OU PLUSIEURS DE CES FONDAMENTAUX DYSFONCTIONNENT ?

La liste ci-dessus est une liste idéale et il est rarement possible de remplir toutes les cases. Toutefois, il est utile de tendre vers ces différents éléments.

VOICI QUELQUES PISTES POUR VOUS AIDER À Y PARVENIR.

- **Le manque de sens :** différentes options s'offrent à vous si vous considérez que votre travail manque de sens. Soit vous conservez votre travail – parce qu'il vous satisfait par exemple d'un point de vue financier – et exercez un hobby ou une activité bénévole à côté qui vous tient à coeur. Soit vous tentez de modifier le contenu de votre travail pour lui donner davantage de sens : vous transmettez votre savoir aux plus jeunes, vous organisez une activité collective sur le temps de midi, vous vous formez comme coach pour aider en cas de conflit sur le lieu de travail.

Soit vous réfléchissez à un travail qui aurait plus de sens, chez votre employeur actuel ou ailleurs. Vous pouvez vous faire aider par un coach ou un spécialiste de la réorientation professionnelle ainsi que vous inspirer de l'ikigai (lire p. 114).

- **Les conflits de valeurs :** il y a deux situations à distinguer. Soit les valeurs sur papier ne sont pas vécues dans l'entreprise, mais au quotidien, cela ne heurte pas les vôtres. Vous pouvez tenter de faire bouger les choses au sein de votre entreprise, mais ce manque de valeurs ne vous empêche pas d'être heureux au travail. Soit les valeurs vécues sur le terrain heurtent les vôtres. Essayez, pourquoi pas, de changer les choses et sinon, il vous faudra envisager de changer d'emploi, car à défaut vous risquez l'épuisement, le burn-out ou la dépression.

- **Le manque d'autonomie :** l'un des paramètres essentiels du bonheur au travail est de disposer d'une certaine autonomie. Utilisez les techniques de communication non violente (lire p. 153) si vous avez besoin d'en demander davantage. Celle-ci peut être octroyée graduellement. Pensez à spontanément rassurer un manager qui a du mal à faire confiance ou à déléguer.

- **Les compétences :** si le travail est trop simple pour votre niveau de compétences, tentez soit de faire évoluer votre fonction, soit d'en changer chez votre employeur ou ailleurs. Recevoir des tâches trop simples ou répétitives peut mener au brown out, un ennui tel qu'il épuise. Ne pas avoir suffisamment de travail mène au bore-out, une forme d'ennui qui peut également épuiser. Inversement, si les missions sont trop complexes par rapport à vos compétences, il est indispensable d'en parler avec votre hiérarchie pour trouver une solution. À défaut, vous risquez de ne pas en dormir et de vous épuiser ! Si le travail est conséquent, mais que vous pensez avoir les compétences pour le réaliser, référez-vous aux chapitres consacrés au cerveau, à la concentration, la planification et la motivation (p. 75, 120 et 124). Osez vous lancer !

- **La non-appartenance :** si vous vous sentez isolé, exclu, différent, ne laissez pas cette situation s'éterniser, car elle peut aussi vous mener au burn-out ou à la dépression. Communiquez de manière transparente avec vos collègues et votre hiérarchie sur cette problématique. Est-elle liée à vous ou au mode de fonctionnement de l'équipe ? Si c'est lié à vous, songez à améliorer votre estime de vous-même (lire p. 138). Si c'est l'équipe, tentez de modifier son mode de fonctionnement, peut-être avec l'aide des RH. Si la tâche est insoluble, réfléchissez à changer d'équipe ou d'employeur.

- **Le manque de reconnaissance :** idéalement votre travail est reconnu par tout le monde (collègues, hiérarchie, RH). Si votre manager a du mal à exprimer sa reconnaissance, demandez-lui un feedback régulier (quotidien, hebdomadaire…) et n'hésitez pas à vous soutenir entre collègues, à vous féliciter, à vous encourager. C'est parfois suffisant pour nourrir le besoin de reconnaissance. Si, en outre, vous avez travaillé à une belle estime de vous et de votre travail, cela peut vraiment aider. J'en profite pour souligner que tout feedback plus délicat ne se fait jamais indirectement (email, message vocal), mais en face à face, en appel ou en visioconférence. Il ne se fait pas en public pour éviter le risque de vexation ou d'humiliation. Enfin, veillez aussi à ne pas prendre tout trop à cœur, à ne pas mettre trop d'affectif dans votre travail. On peut faire consciencieusement son travail sans être trop dans l'émotionnel, sinon vous risquez de souffrir un jour ou l'autre inutilement.

- **Une mauvaise communication :** le manque de communication et une communication non transparente mènent à des quiproquos, des croyances (le plus souvent négatives), des frustrations, une perte de confiance en soi… Attirez l'attention de vos collègues, hiérarchie et RH sur votre besoin d'être informé et de communiquer.

- **L'iniquité et la partialité :** pas de favoritisme au travail. Ce qui ne veut pas dire que l'on ne peut pas traiter des collègues qui vivent des situations différentes de manière différente. Un parent qui élève seul ses enfants peut avoir besoin d'aménagements autres qu'un collègue sans enfant. Ce qui est important c'est que vous sachiez qu'à situation égale, il y aura traitement égal. À défaut, il faut communiquer ouvertement pour rétablir l'équité et l'impartialité. Vous pouvez aussi décider que – en pratique – une légère iniquité ou impartialité n'est pas si grave, mais assurez-vous que la situation ne génère pas chez vous d'émotions négatives telles que la frustration, la colère retenue, la jalousie, qui sont très énergivores.

- **L'absence de soutien :** tout dépend ici de l'intensité de la situation. Si le manque de soutien est tel que vous n'êtes pas en mesure de faire votre travail, c'est inacceptable. Encore et toujours, apprenez à communiquer de manière transparente et non violente sur les difficultés que vous rencontrez. Ne posez pas un couvercle sur la situation, car il pourrait sauter à tout moment, sous forme d'épuisement physique ou psychologique.

- **Le manque de respect :** inacceptable, évidemment. Le climat général doit inviter au respect de tous, à tout moment. Non, on ne peut pas impunément se mettre en colère. Non, on ne fait pas de critiques en public. N'acceptez en aucun cas que l'on vous manque de respect. Rien ne le justifie. Jamais. Il en va de votre intégrité psychologique, voire physique. Notifiez tout manquement à votre manager ou au manager de votre manager, ainsi qu'aux ressources humaines ou à la personne en charge du bien-être au travail chez votre employeur ou une ressource externe, à laquelle vous avez droit.

3 L'IKIGAI, C'EST QUOI ?

C'est avoir trouvé un sens à sa vie. Vous pouvez prendre soin de vous au mieux, si vous ne prenez pas le temps de penser activement à pourquoi vous êtes sur terre et ce que vous pourriez faire de votre temps, vous risquez de vous sentir un jour fatigué, lassé, en manque de joie.

Faire ce qui a du sens à nos yeux nous procure un grand bonheur. Souvent, nous passons à côté de notre ikigai pour des croyances personnelles, familiales ou sociétales, telles que « pour être une bonne personne / pour être apprécié / pour me sentir appartenir au groupe, il faudrait que / je devrais / on attend de moi que… ». Nous passons parfois une vie entière à déconstruire ces croyances. Travailler notre estime de nous permet de mieux choisir à quoi l'on consacre son temps. On identifie nos besoins et on leur accorde un espace suffisant. On peut dire ce qui ne nous convient pas et choisir ce qui est juste pour nous.

Nous changeons tout au long de notre vie, notre ikigai peut donc aussi évoluer. L'exercice ci-dessous peut être effectué à intervalles réguliers. Pour vous motiver, sachez que l'ikigai est un concept qui nous vient du Japon et que des études révèlent que les personnes qui ont trouvé leur ikigai ont une espérance de vie considérablement plus longue.

Le résultat de l'ikigai peut mener tant à des choix professionnels qu'à des choix privés (faire du bénévolat, apprendre une langue ou un instrument de musique, approfondir un sujet, passer du temps avec ses amis ou ses enfants…). Nous n'avons pas toujours un choix complètement libre, nous avons des contraintes financières ou familiales par exemple, mais nous avons souvent davantage de choix que nous ne le pensons. Remettons du mouvement dans nos vies, prenons de la hauteur pour poser les choix les plus justes pour nous et boostons ainsi notre énergie et notre joie.

COMMENT DÉTERMINE-T-ON NOTRE IKIGAI ?

En répondant de manière détaillée aux quatre questions suivantes :

- **Quels sont mes talents ?**
  Faites la liste de ce que vous savez faire, de vos compétences naturelles et acquises.

- **Qu'est-ce que j'aime faire ?**
  Ce n'est pas parce que vous avez des talents que les exercer vous procure du plaisir. Faites la liste des activités qui vous procure réellement du plaisir.

- **Qu'est-ce qui touche mon cœur ?**
  Lorsque vous regardez la télévision ou que vous êtes sur les réseaux sociaux par exemple, ce qui vous émeut et que vous aimeriez (aider à) changer, ce dont le monde a besoin.

- **Avec quoi puis-je gagner ma vie ?**
  Cela peut être votre revenu actuel ou une nouvelle activité principale ou complémentaire que vous pourriez développer.

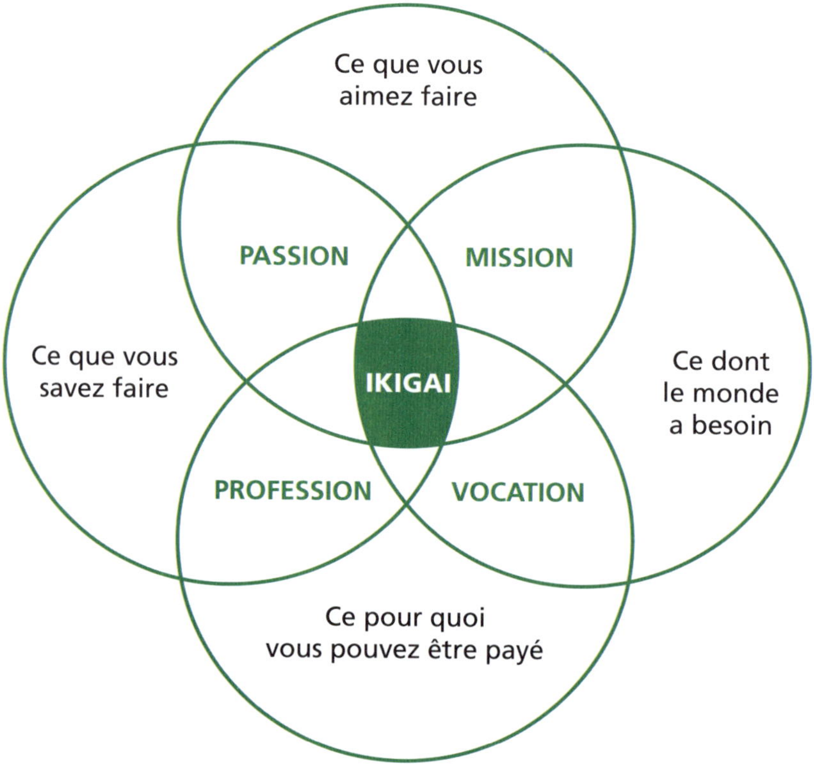

Votre ikigai est à l'intersection de ces quatre cercles. Osez rêver. Visualisez ce que vous pourriez faire. Souvent, nous nous censurons avant de rêver, nous ne nous autorisons pas à faire autrement. Tout commence par jouer avec des idées, des possibilités. Mettre du mouvement dans nos pensées, dans nos cœurs avant même de poser des actes, de mettre du mouvement dans nos vies. Parmi les milliards de possibilités qui existent sur terre, nous n'en avons explorées qu'une infime partie. Et si nous étions fous, si nous nous autorisions à explorer de nouvelles activités ? Testons, tâtonnons, ajustons. Restons en mouvement, faisons circuler la vie sans trop de peurs.

Et clôturons ce chapitre sur une joyeuse citation de Voltaire :

« J'ai décidé d'être heureux, parce que c'est bon pour la santé ! »

IDÉES POUR MON PLAN D'ACTION INDIVIDUEL

Changements uniques (one-shots) :

....

....

....

....

....

....

....

....

Changements récurrents :

....

....

....

....

....

....

....

....

L'ORGANISATION

de mon travail

1 JE PLANIFIE

« Ordre et méthode mènent au succès. »

Mon frère aîné

Le temps consacré à la planification permet de lever le nez du guidon, de prendre de la hauteur ou, comme disent les Anglais, de reprendre la vue d'hélicoptère.

- Il est essentiel de **réajuster régulièrement les différents composants de nos vies professionnelle et privée.** C'est lorsqu'on ne le fait pas qu'on peut s'épuiser, par excès d'activités qui ne nous donnent pas satisfaction ; la fameuse réalisation de la liste des choses à faire qui n'en finit jamais mais nous vide de notre énergie. Pour ce faire, prenez régulièrement rendez-vous avec vous-même pour réfléchir aux différentes activités qui vous occupent. Je fais cela généralement le dimanche en fin d'après-midi ou parfois en commençant ma semaine le lundi matin.

  Pour m'assurer de l'équilibre de mes envies, besoins et obligations, **je fais un mindmap :** je prends une feuille vide et j'écris mon prénom au centre. Ensuite, je découpe la feuille en quatre, cinq ou six parties qui correspondent à mes objectifs professionnels de la semaine ou du mois, mes apprentissages, mon exercice physique, mes loisirs. Ainsi, je planifie un bon équilibre dans ma vie, j'atteins mes objectifs, je ne m'épuise pas et je n'ai pas de frustrations.

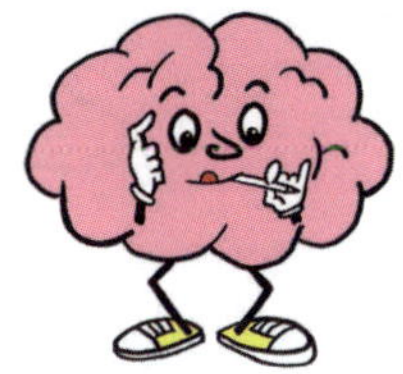

- Selon votre activité, **planifiez vos objectifs principaux** du jour, de la semaine, du mois, du trimestre, d'une période jusqu'aux prochaines vacances, du semestre ou de l'année.

- Avant de planifier dans le détail, **identifiez votre biorythme naturel** : quand êtes-vous le plus concentré, le plus productif ? La majorité d'entre nous l'est le matin, lorsque nous sommes reposés et parvenons à mieux nous concentrer. Toutefois, certaines personnes le sont à un autre moment de la journée ou dans la soirée. Si vous n'êtes pas sûr, faites un petit travail d'introspection pendant une quinzaine de jours et prenez des notes chaque jour pour déterminer vos meilleurs moments de productivité.

- **Réservez dans votre agenda** les plages horaires durant lesquelles vous allez effectuer les tâches qui vous demandent le plus de concentration pour réaliser vos objectifs. C'est l'accomplissement de ces tâches qui vous apportera le plus de satisfaction professionnelle, donc de l'énergie et des petites cuillères supplémentaires! Si votre métier le permet, gardez la lecture et le traitement des emails comme une « pause détente » après avoir fourni un effort.

AYEZ À L'ESPRIT TROIS RÈGLES IMPORTANTES LORS DE VOTRE TRAVAIL DE PLANIFICATION :

1 **LA MATRICE D'EISENHOWER**

Avant de planifier vos activités, établissez la liste de vos tâches et répartissez-les dans une des quatre cases de la matrice de Eisenhower :

- ☞ Ce qui est important et urgent sera planifié à court terme.
- ☞ Ce qui est important et non urgent sera planifié à plus long terme.
- ☞ Ce qui n'est pas important mais urgent pourra être délégué si possible.
- ☞ Ce qui n'est pas important et non urgent, il faudra peut-être en faire le deuil, on ne peut pas tout faire.

Ce qui est important et non urgent est ce qui vous donnera le plus de satisfaction, mais aussi ce qui vous demandera le plus d'effort : laisser toutes les choses urgentes ou qui demandent moins d'attention passer avant. Pensez à planifier dans votre agenda les moments réservés à ces activités-là.

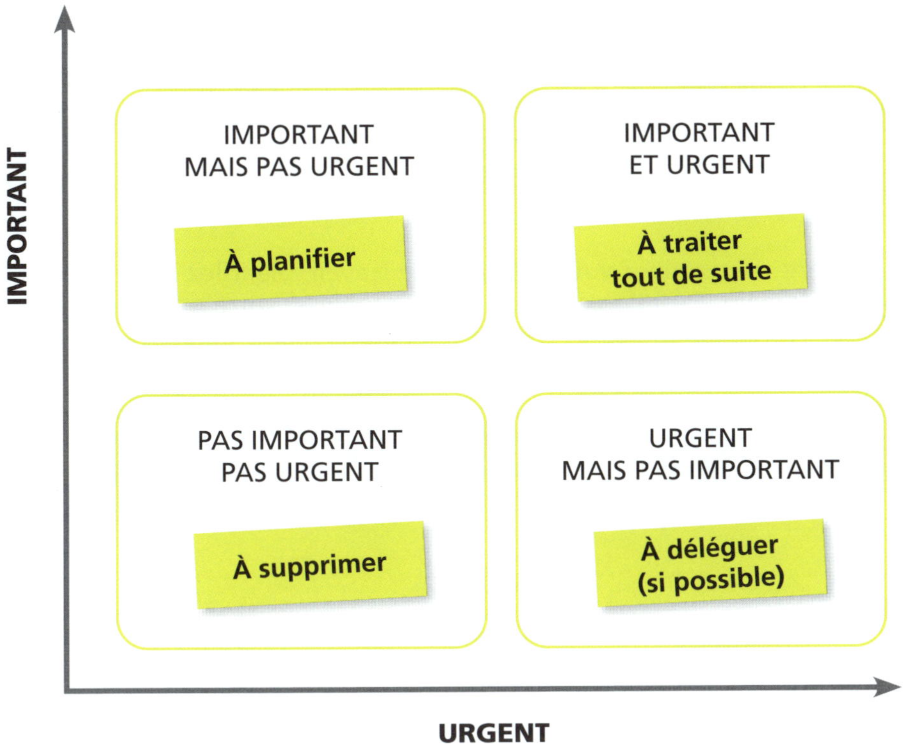

2 LA LOI DE PARKINSON
Plus vous avez de temps pour faire une tâche, plus cette tâche prend de temps.

Prévoyez des plages horaires strictes pour vous concentrer intensément afin d'avancer dans votre travail sans procrastiner. Pour booster votre concentration, faites appel à la méthode Pomodoro vue ci-dessus (25 minutes avec minuteur suivies de 5 minutes de pause) (p. 87).

3 LA LOI DE HOFSTADTER ou loi du glissement du planning
« Il faut toujours plus de temps que prévu, même en tenant compte de la loi de Hofstadter. »

Planifiez des moments tampons, des *buffers*, où vous pourrez ajuster le temps nécessaire pour effectuer une tâche prévue ou intercalez une urgence.

- Pour être sûr de ne pas les oublier, **planifiez également vos moments quotidiens de bien-être et de loisirs** : vos heures de sommeil, vos moments d'activité physique, avoir du temps pour faire vos courses « saines », vos heures blanches sans écran, vos sorties entre amis. Je connais un chef d'entreprise qui planifiait pendant les congés de fin d'année une grande partie de ses loisirs et vacances pour les douze mois à venir.

- Avant de terminer votre journée de travail, **planifiez la journée du lendemain**. C'est l'occasion de mieux organiser votre travail et d'apaiser votre mental : ce qui est sur le papier a moins tendance à cogiter dans votre tête et risque moins d'affecter votre sommeil.

- Réajustez votre planning professionnel **tous les vendredis** avant de quitter votre travail.

2 JE BOOSTE MA MOTIVATION

C'est super d'avoir un cerveau en bonne santé et d'être capable de se concentrer, mais pour en faire quoi ?

Notre motivation est une sorte d'élan vital. Elle ne tombe pas du ciel, bien qu'on ait parfois l'impression que certains ont plus de facilités que d'autres à se motiver. Alors, voyons ensemble les mécanismes de la motivation. Si on devait indiquer un endroit dans le corps où se produit la motivation, c'est dans le cerveau. Il va d'une part tout faire pour nous éviter des dangers et d'autre part, essayer d'activer le circuit de la récompense via la dopamine, une des hormones du plaisir.

La fameuse pyramide de Maslow va nous aider à comprendre comment nous fonctionnons :

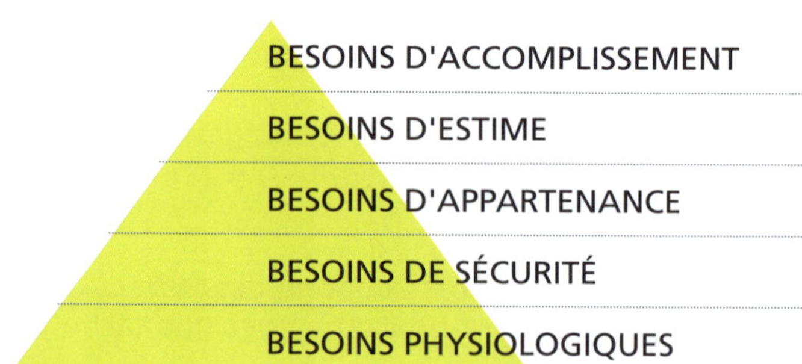

Les deux premiers étages de la pyramide touchent à nos besoins de base :

- **Besoins physiologiques :** le plus important pour nous, c'est de pouvoir manger, boire, avoir un toit, se chauffer, bouger. On peut alors passer à l'étage suivant de la pyramide.

- **Besoins de sécurité :** nous allons rechercher un environnement stable pour assurer la sécurité du corps, de la propriété, de la famille, de l'emploi.

Après avoir répondu à nos besoins de base, nous pouvons envisager les trois étages suivants de la pyramide, qui touchent à notre épanouissement personnel :

- **Besoins d'appartenance :** nous avons besoin de faire partie d'un groupe social, notamment au travail. Il est de la responsabilité de l'employeur, du manager et des collègues de collectivement répondre au besoin d'appartenance de chaque travailleur. Si le mécanisme de l'inclusion ne fonctionne pas bien dans un environnement professionnel, les employés auront des difficultés à atteindre les deux derniers étages. Leur motivation en sera affectée car ils n'auront pas l'impression d'être à leur place. En effet, dès que le cerveau n'est pas concentré sur une tâche, nous allons rêvasser et produire différentes pensées sur nous-même et les autres. Nos pensées vont proposer une analyse négative de la situation pour nous protéger d'un éventuel danger. Voici ce qui peut nous passer par la tête : je ne me sens pas bien dans l'équipe, c'est sûrement qu'ils ne m'aiment pas, je ne suis sans doute pas assez compétent, je n'y arriverai pas, ils vont me licencier, j'ai peur de manquer d'argent. Et nous sommes bloqués à cet étage-là de la pyramide. C'est dommage, parce qu'il est difficile de conserver une bonne estime de soi et de s'accomplir grâce à son travail lorsque le besoin naturel d'appartenance n'est pas assouvi.

QUELQUES IDÉES POUR LES MANAGERS, MAIS AUSSI POUR LES MEMBRES D'UNE ÉQUIPE POUR FAVORISER LE SENTIMENT D'APPARTENANCE :

- Ne pensez pas que l'autre fonctionne et pense comme vous.
- Communiquez pour inclure tout le monde.
- Donnez de la reconnaissance.
- Essayez d'être juste et équitable.
- Travaillez à un esprit d'équipe.
- Célébrez collectivement les réussites de l'équipe.

- **Besoins d'estime**
  Nous verrons plus loin ce qu'est l'estime de soi et la confiance en soi et comment les renforcer pour soi-même. En tant que manager ou membre d'une équipe, vous pouvez contribuer au besoin d'estime d'un travailleur en lui donnant de la reconnaissance et des marques d'appréciation. 76 % des travailleurs estiment que la reconnaissance est le premier levier de bien-être au travail, mais 70 % estiment aussi manquer de reconnaissance[83]. Alors accordez généreusement des marques de reconnaissance autour de vous et demandez du feedback si vous ne le recevez pas encore spontanément.

- **Besoins d'accomplissement**
  Quand les besoins des quatre premiers étages de la pyramide sont remplis, nous disposons d'un certain calme, d'une certaine sérénité qui nous permettent d'entrer dans une zone d'accomplissement très agréable, où la motivation pourra pleinement s'assouvir.

VOICI QUELQUES TRUCS ET ASTUCES POUR Y PARVENIR :

- **Quel est votre moteur ?** Visualisez ce qui vous anime, quel est le moteur de votre motivation ? Contribuer à un monde meilleur, acheter un logement agréable, partir en vacances, recevoir la reconnaissance de vos collègues, de vos amis... ?
- **Quelle est votre destination ?** Fixez-vous de nouveaux objectifs. Ils doivent être concrets, réalistes, accessibles. S'il s'agit d'objectifs importants, découpez-les en plus petits objectifs que vous pourrez atteindre chaque jour par exemple, ou chaque semaine. Atteindre ses objectifs intermédiaires, puis finaux, active plusieurs fois le circuit de la récompense dont notre cerveau est si friand !
- **Planifiez votre travail :** pour cela, rendez-vous p. 120 pour savoir comment procéder.
- **Quel est votre carburant ?** Pensez à prendre de bonnes habitudes. Ce sont elles qui vous permettront de tenir dans la durée. Travaillez la base : votre sommeil, votre alimentation et bougez suffisamment.
- **Restez positif :** si des pensées négatives surgissent, apprenez à gérer vos émotions (voir p. 144).
- **Célébrez vos victoires !** Lorsque vous avez atteint l'un de vos objectifs, félicitez-vous, récompensez-vous, plein pot de dopamine !

3 JE BOOSTE MES RÉUNIONS

Les cadres déclarent être en réunion 3 heures et 16 minutes par jour. S'ils trouvent les réunions importantes, 75% jugent qu'ils y perdent leur temps, mais ils sont une majorité à ne rien faire pour y remédier[84]. Le temps passé en réunion peut créer de grandes frustrations. Si ce n'est pas votre cas, passez votre chemin. Si vous sentez votre frustration poindre du nez, ce chapitre est pour vous.

Pourquoi des réunions trop longues ou trop peu pertinentes sont-elles si pénibles ?

- **Risque de fatigue mentale :** quand on s'ennuie en réunion, on a tendance à faire autre chose, du multitasking. Or, nous avons vu que le switch continu d'une activité à une autre consomme beaucoup d'énergie et fatigue notre attention.

- **Risque de fatigue émotionnelle :** le temps passé en réunion est souvent du temps en moins pour avancer sur ses tâches. Nous avons parfois l'impression d'avoir perdu notre temps, ce qui va générer de la frustration, voire du stress si nous avons beaucoup de choses qui nous attendent par ailleurs. En outre, le circuit de la récompense n'aura pas été activé puisque nous n'aurons rien fait qui nous procure de la dopamine, l'hormone du plaisir ;

- **Risque de fatigue physique :** si les réunions se font assis et s'éternisent, nous sommes sédentaires, ce qui ne nous donne pas d'énergie.

COMMENT RÉUSSIR SES RÉUNIONS ?

- Fixez une réunion uniquement s'il y a un ou plusieurs objectifs clairement énoncés.

- L'invitation contient un agenda détaillé (points à traiter et annexes utiles), ainsi qu'un horaire. Gardez à l'esprit la loi de Parkinson : une réunion (plus généralement toute activité) a tendance à occuper tout le temps qu'on prévoit d'y consacrer. L'inverse est également vrai : moins on alloue de temps à une réunion et moins elle durera. Chez Google, la nouvelle norme est de fixer une réunion pour 10 minutes de moins que ce que vous auriez tendance à prévoir. Ainsi, vous restez efficace pendant toute sa durée car le temps est un peu raccourci et vous disposez de 10 minutes de pause pour bouger, boire de l'eau, vous faire une tisane, papoter avec un collègue.

- Invitez uniquement les personnes directement concernées. Si nécessaire, prévoyez une réunion en deux parties, avec certains invités uniquement présents à l'une ou l'autre. Quand tout le monde a beaucoup de travail, il est parfois préférable d'inviter peu de participants qui feront très bien circuler l'information aux non-participants. Dans d'autres circonstances, par exemple lorsque la charge de travail est moins lourde, pour transmettre de l'information, obtenir une large adhésion ou renforcer le sentiment d'appartenance des membres de l'équipe, on peut choisir d'inviter davantage de participants.

- Les réunions commencent à l'heure fixée (c'est une question de culture d'entreprise) et il est rappelé aux participants d'être brefs, précis, concrets et toujours courtois (c'est également une question de culture d'entreprise). Certaines entreprises utilisent un minuteur pour chaque sujet prévu.

- On ne lit pas ses mails, textos ou WhatsApp pendant les réunions. Si possible, on éteint son téléphone.

- L'organisateur de la réunion ou un secrétaire désigné fait la police de la réunion (temps de parole, prise de notes et des points d'action, agenda couvert, horaire respecté). Avant de travailler sur un point précis, demandez à chacun de noter ses idées sur une feuille afin de permettre d'organiser au mieux lesdites idées, mais aussi que les plus introvertis puissent s'exprimer par la suite.

- À la fin de la réunion, on vote! Demandez le ROTI à la fin de chaque réunion. ROTI = Return On Time Invested. Tous les participants à la réunion évaluent en même temps la réunion qui vient de se finir en levant de un à cinq doigts[85] :

1 doigt : inutile, j'ai perdu mon temps.

2 doigts : utile, mais pas à la hauteur du temps que j'y ai consacré, j'ai perdu du temps.

3 doigts : juste moyenne, je n'ai pas perdu mon temps, mais sans plus.

4 doigts : bonne, elle valait plus que le temps consacré.

5 doigts : excellente, elle dépasse mes attentes et valait bien plus que le temps consacré.

Et tirez-en les conclusions pour la prochaine réunion.

- Envoyez le compte-rendu de la réunion et les points d'actions décidés aux participants, avec le nom du responsable du suivi et le délai prévu. Pensez à envoyer les points d'actions qui concernent des personnes non présentes à la réunion.
- Faites le suivi des points d'action pour vérifier qu'ils sont bien exécutés en temps et en heure. Si ce point n'est pas adéquatement suivi en pratique, cela génère d'importantes frustrations.

Voici quelques variantes :

☞ Chaque fois que c'est possible, faites les réunions debout. C'est bon contre la sédentarité et elles auront tendance à être plus courtes et plus efficaces.

☞ Le walk and talk est la réunion qui se passe en marchant au grand air. C'était le mode de réunion préféré de Steve Jobs (co-fondateur d'Apple). Mark Zuckerberg (co-fondateur de Facebook) la pratique régulièrement aussi. Elle est faisable avec six participants maximum.

☞ Certaines entreprises choisissent de faire un jour fixe par semaine sans réunion.

4 JE GÈRE MES EMAILS PROFESSIONNELS

Les emails ont pris une place de premier plan dans les échanges professionnels. En moyenne, un travailleur reçoit 100 emails professionnels par jour et en envoie une trentaine. C'est une moyenne bien entendu, certains en reçoivent plusieurs centaines quotidiennement. Les cadres estiment à plus de cinq heures par jour le temps consacré au traitement de leurs emails[86] !

Et vous ? Combien en recevez-vous tous les jours et combien en envoyez-vous ? Combien d'heures passez-vous par jour à les traiter ?

Votre objectif sera – si c'est possible avec votre travail – d'en réduire le nombre et le temps que vous y consacrez. Le traitement des emails est extrêmement chronophage. Essayons d'être le plus efficace possible dans leur gestion pour nous ménager suffisamment de temps pour atteindre nos autres objectifs.

Les mêmes remarques s'appliquent aux systèmes de chat interne qui se multiplient, ainsi qu'aux groupes WhatsApp professionnels.

Voici les règles d'or pour vos emails :

1 **Décidez de plages horaires dans votre agenda pour la lecture des emails**
En fonction de vos différentes tâches (moments de grande concentration, réunions, emails, pauses), définissez les moments de la journée que vous consacrez aux traitements de vos emails. Inscrivez-les dans votre agenda. Par exemple : de 10 à 11 heures et de 14 à 15 heures. Gardez à l'esprit que si vous avez besoin de plages de concentration, il est préférable de commencer le matin lorsque vous êtes bien reposé (si cela correspond à votre biorythme, voir p. 121) et de traiter vos emails après. En outre, si après le repas de midi vous avez habituellement un petit coup de mou, le traitement des emails peut être une activité adéquate. Dans de nombreux emplois, ce n'est pas cette tâche qui procure une grande satisfaction professionnelle. J'adore la citation de T. Boone Pickens, un homme d'affaires américain, « *When you are hunting elephants, don't get distracted chasing rabbits* », qui signifie : « Lorsque vous êtes à la chasse aux éléphants, ne vous laissez pas distraire par des lapins », et qui vous invite lorsque vous travaillez à atteindre l'un de vos objectifs importants (les éléphants), à ne pas vous laisser distraire par autre chose, notamment la lecture de vos emails (les lapins) !

2 **Réalisez une action pour chaque email : la règle des 4 D**
Lorsque vous ouvrez un email, appliquez un des quatre D : Do, Delete, Delay ou Delegate. Ce qui signifie que chaque email doit être immédiatement traité ou supprimé ou marqué (pour être regardé ultérieurement) ou transféré. Nous perdons un temps considérable à consulter plusieurs fois nos emails, notamment lorsqu'on les découvre sur notre smartphone sans rien en faire sur l'instant.

3 **Restez toujours courtois**
Politesse et délicatesse sont des valeurs indispensables pour un environnement de travail épanouissant. Ne répondez pas à chaud quand vous sentez que l'email provoque une émotion de type colère, frustration, énervement. Souvenez-vous que la nuit porte conseil.

4 **Pas d'email pour résoudre un conflit**
Allez voir la personne ou appelez-la. Interdiction absolue de passer ses nerfs dans un email et d'appuyer sur « envoyer ». Référez-vous si nécessaire au chapitre consacré à la gestion des conflits (p. 153).

5 **Supprimez les notifications d'arrivée d'emails**
Si vous ne savez pas comment faire, taper « comment supprimer les notifications d'arrivée d'emails » sur internet. Et supprimez-les !

6 **Contenu de l'email**

- ☞ Indiquez uniquement comme destinataire(s) ceux qui doivent prendre action. Mettez si nécessaire en copie les personnes qui doivent être informées.
- ☞ Vérifiez que le sujet de l'email est toujours pertinent et clair.
- ☞ Si le texte est long, envisagez un résumé au début ou une mise en exergue des points d'action.

7 **Demandez à être retiré d'une liste de destinataires lorsque c'est nécessaire.**

8 **Pensez aux alternatives** qui pourraient s'avérer plus efficaces qu'un email : conversation, téléphone, réunion.

9 **Demandez quelles sont les règles pour l'envoi ou la consultation des emails en dehors des heures de travail.** De nombreuses entreprises n'ont pas de règles claires à ce sujet. On parle de droit à la déconnexion. Ce qui est le plus important à mon sens, c'est que chaque travailleur puisse séparer sa vie privée de sa vie professionnelle, afin

de prendre le temps de la récupération (lire. p. 95). Sauf urgence ou travail avec d'autres fuseaux horaires, il me semble intéressant de demander aux équipes de ne pas envoyer leurs emails en dehors de leurs heures de travail. Un employé peut bien entendu préparer ses courriers électroniques durant son temps libre si cela l'arrange dans son organisation, mais ne les envoyer que durant ses heures de travail. Faute de règles établies pour l'ensemble de votre organisation, rien n'empêche d'en parler au sein de son équipe.

10 **Évitez la consultation compulsive de vos emails professionnels** par simple curiosité à tout moment du jour (dès le réveil, avant le coucher ou chez le boulanger), de la nuit ou du week-end.

VACANCES, J'OUBLIE TOUT…

- Les vacances sont faites pour se reposer, se ressourcer et prendre du temps pour soi et nos proches. On doit pouvoir se déconnecter du travail et prendre un peu de hauteur, reprendre la vue d'hélicoptère. C'est essentiel pour recharger nos batteries et réajuster régulièrement certains éléments de nos vies afin d'être toujours bien en phase avec nos besoins et nos aspirations. Les congés payés ont toujours eu ce rôle. Toutefois, depuis l'arrivée des laptops et des téléphones mobiles, les travailleurs ont tendance à moins bien récupérer durant leurs congés. Il faut donc être vigilant à certaines bonnes pratiques pour éviter à terme l'épuisement.

- Sauf urgence, on ne regarde pas ses emails professionnels en vacances. On a activé un out-of-office qui l'explicite clairement et qui contient les coordonnées de la personne qui pourra aider l'expéditeur en cas de réel besoin. Si vous devez malgré tout suivre un ou plusieurs dossiers, planifiez le moment de la journée où vous travaillerez de manière concentrée et efficace, par exemple après le petit déjeuner ou en fin d'après-midi. De préférence sur votre ordinateur, pour pouvoir traiter vos emails sans perdre de temps.

- Certains mettent un out-of-office avec une date de début de congés un jour plus tôt que leur départ pour mettre leurs dossiers en ordre et organiser le suivi en leur absence. On peut aussi indiquer une date de retour postposée de 24 heures afin d'avoir le temps de traiter ses emails le jour de son retour et de planifier sereinement son travail. Évitez de répondre aux emails pendant vos vacances, car vous en recevriez de nouveaux.

- J'adapte également le message de ma boîte vocale : cela permet à votre interlocuteur de savoir que vous êtes en vacances et de décider s'il attend votre retour, contacte votre remplaçant ou vous laisse un message en cas d'extrême urgence et ce malgré vos congés.

- De manière générale, les vacances, tout comme les week-ends, sont le moment idéal pour faire des heures blanches sans smartphone. Offrez-vous une vraie détox digitale. Placez idéalement votre smartphone dans une autre pièce, dans un tiroir hors de votre vue, en mode avion, et planifiez le temps dédié à votre détox ! Votre cerveau vous remercie.

- Certains préfèrent lire leurs emails pendant leurs congés pour ne pas avoir une masse de messages à leur retour. Soyez néanmoins rigoureux : décidez si vous nettoyez votre mailbox une fois par jour (à éviter), une fois par semaine ou la veille de votre retour.

- Et plutôt que de lire des emails, peut-être aurez-vous envie de lire des livres pendant vos vacances ? Laissez-vous émerveiller ou inspirer, glisser lentement dans le plaisir de la slow life, plongez dans la lecture.

5 JE COMMUNIQUE

La communication au travail devrait toujours être :

- Transparente : on peut parler de tout, il n'y a ni tabous ni propos que l'on tient quand notre collègue a le dos tourné.

- Respectueuse : l'objectif aujourd'hui est de favoriser un climat de sécurité psychologique où chacun peut exprimer ses idées, même les plus originales, admettre ses erreurs et apprendre d'elles sans crainte d'être jugé, moqué, voire humilié. Beaucoup de collaborateurs se restreignent par peur de ce que les autres pourraient penser d'eux, c'est perdant-perdant. Le collaborateur ne peut pas s'épanouir pleinement et l'employeur ne profite pas de la créativité de ses troupes. On performe d'autant mieux que l'on se trouve dans un climat de confiance.

- Empathique : si vous pressentez qu'un collègue ou un membre de votre équipe ne va pas bien, la meilleure chose à faire est de lui poser la question. Privilégiez les questions ouvertes, telles que : comment vas-tu ? Est-ce que ça va ? Que se passe-t-il ? Il est possible que le travailleur évoque un souci d'ordre privé. Gardez à l'esprit que ce n'est pas parce que vous posez la question que vous devez contribuer à la solution, mais cela soulage de savoir que l'on peut parler de soi et de ses soucis. Demandez-lui ce qu'il entrevoit comme solution, s'il a besoin d'aide. Si possible, ne proposez pas vous-même de solution, car il est beaucoup plus utile qu'il en trouve une par lui-même afin d'avoir plus de chance de la mettre en œuvre.

6 JE ME FORME

Si 2020 a vu une baisse du nombre d'heures de formation due à la crise sanitaire, l'offre et la demande se sont rapidement adaptées aux nouvelles circonstances et de nombreuses formations sont proposées en ligne.

Apprendre permet de garder son esprit alerte, procure une réelle satisfaction, de la fierté, donne de l'énergie.

Alors, n'hésitez pas à dégager un moment qualitatif pour un nouvel apprentissage. Notez chaque idée de formation ou d'apprentissage qui pourrait vous intéresser, demandez à votre manager les sujets sur lesquels vous pourriez vous améliorer.

QUELQUES IDÉES ?

- **Des compétences numériques,** toujours plus utiles.
- **Une formation en développement personnel.** Pourquoi pas sur l'estime de soi, l'assertivité, parler en public, le coaching, l'intelligence émotionnelle, la gestion des conflits et communication non violente, la gestion des émotions, du stress.
- La capacité personnelle à **s'organiser, manager** à distance, animer une réunion en présentiel ou à distance, collaborer à distance.
- **Apprendre une langue** avec la super appli gratuite Duolingo : vous pouvez vous fixer un objectif quotidien, et vous recevez des récompenses virtuelles mais bien sympathiques au fur et à mesure de vos progrès. L'appli vous relance si vous avez oublié de réaliser votre objectif quotidien. Babbel est bien aussi, mais payante après un test gratuit.
- Écouter **des podcasts, des conférences TedX** ou autres sur internet.
- Regarder les **cours gratuits ou payants proposés sur les plateformes**, telles que Udemy, Masterclass, edX ou Coursera (les trois dernières sont en anglais, souvent avec sous-titres anglais).

IDÉES POUR MON PLAN D'ACTION INDIVIDUEL

Changements uniques (one-shots) :

....

....

....

....

....

....

....

....

Changements récurrents :

....

....

....

....

....

....

....

....

ma

BOÎTE À OUTILS

1 JE BOOSTE MON ESTIME DE MOI

> ***« Je crois qu'en fait un homme passe sa vie à guérir de son enfance. »***
>
> **Jacques Brel**

Si votre petite voix intérieure passe un temps considérable à vous juger, à vous comparer aux autres, à vous demander si vous faites bien, cela est très fatigant et vous coûte beaucoup de petites cuillères d'énergie. Difficile de prendre soin de quelqu'un qu'on n'aime pas vraiment. On peut avoir tendance à s'occuper davantage des autres (à la maison comme au travail), répondre positivement à leurs multiples sollicitations pour se sentir aimable, ou aller jusqu'à penser que si je me montre tel que je suis, je risque le rejet, l'éloignement. On s'autocensure, on apprend à se contrôler, on se coupe les ailes pour que les autres nous trouvent gentils et que l'on soit accepté. On peut aussi devenir perfectionniste parce que sinon, on pense qu'on n'est pas assez bien et résultat, on se rigidifie[87]. À ce petit jeu-là, non seulement on passe à côté de sa propre vie, mais on en arrive parfois à nier ses propres besoins, jusqu'à l'épuisement.

Alors, cette fameuse estime de soi, c'est quoi et comment la travailler ?

L'estime de soi, c'est avoir la conviction intime que l'on est digne d'être aimé, mais aussi d'être vu, entendu, intégré dans une équipe. Elle se construit dans l'enfance, en fonction du comportement de notre entourage avec nous. La confiance en soi, c'est avoir la conviction intime que l'on est compétent. L'estime et la confiance en soi peuvent fluctuer en fonction des sujets : je me sens compétent en maths ou en cuisine, mais pas digne d'être aimé. Ou inversement, je me sens digne d'être aimé, mais je ne me sens pas compétent en informatique.

Si nous ne l'avons pas reçue en héritage, nous pouvons une fois adulte la travailler, la construire, la rendre solide afin de répondre positivement aux défis de l'existence et vivre en harmonie avec soi et les autres.

L'estime de soi ? Embarquez, c'est par ici !

- **La première étape : prendre conscience que notre estime de nous-même n'est pas très élevée**
  S'il vous arrive – même parfois – de vous sentir seul, incompris, différent des autres, tendu, anxieux, déprimé, apathique, incompétent, inintéressant, d'avoir peur de demander quelque chose ou de vous sentir coupable sans vraiment savoir de quoi, c'est que votre estime de vous n'est pas au top !

  J'ai pour habitude de dire que quand on constate un problème, quand on en prend conscience, on a déjà fait 50% du chemin. L'autre moitié consiste à tâtonner pour ajuster nos croyances, l'image que l'on a de nous.

- **Améliorer son estime de soi est un magnifique voyage intérieur**
  Il vous faudra faire preuve de patience, de régularité et de persévérance. Vous pouvez voyager seul ou décider de vous faire aider d'un psychologue ou d'un coach en développement personnel. Ce qui est sûr, c'est que personne ne pourra faire ce chemin à votre place. Dans l'enfance, c'est l'entourage qui mène l'enfant à sa propre estime, mais à l'âge adulte, nous sommes seul capitaine à bord.

- **Modifier notre communication intérieure**
  Ce ne sont pas les événements de notre vie (conflit, divorce, licenciement, dispute…) qui déterminent notre estime de nous-même, mais la manière dont nous les interprétons, ce qu'on en fait, ce qu'en dit notre petite voix intérieure. Demandez-vous ce que vous diriez à quelqu'un d'autre dans la même situation et appliquez-le à vous-même. Nous sommes souvent beaucoup plus durs avec nous qu'avec les autres. Je me souviens avoir lu un jour que si notre patron

nous parlait quotidiennement dans les mêmes termes que notre petite voix intérieure, il serait sûrement condamné pour harcèlement moral.

Les mots sont importants. Leur pouvoir est extraordinaire. Observons et notons par écrit chaque jugement négatif que nous portons sur notre petite personne (je ne suis pas très intelligent, je suis maladroit, mes collègues ne m'aiment pas…) et transformons-les en messages positifs (j'ai bien fait telle et telle chose, j'ai été maladroit aujourd'hui mais je suis adroit à d'autres moments, je m'entends bien avec tel collègue…).

Cela peut vous paraître artificiel, contraignant, mais si vous voulez améliorer votre estime de vous-même, cela passe par cela : donner d'autres habitudes à votre petite voix intérieure, ne plus la laisser vous juger négativement, vous culpabiliser.

Voici quelques bonnes pratiques pour vous aider[88]:

- Souvenez-vous que rien n'est jamais blanc ou noir, soyez nuancé.
- Pas de généralités sur vous-même ou les autres.
- Ne tentez pas de deviner ce que les autres pensent.
- Oubliez les « il faut », « je dois »…

- **Ne pas sous-estimer la peur du changement**

Même si une mauvaise estime de soi est inconfortable, nous y sommes habitués, elle nous colle volontiers à la peau, elle est si familière, cette petite voix intérieure qui répète toujours la même chose. Changer le regard que l'on porte sur soi peut faire peur : est-ce que je vais y arriver, que vont penser les autres, le jeu en vaut-il la chandelle ? Oui, une meilleure estime de soi = une bien meilleure qualité de vie ! Vous verrez la vie en beaucoup plus rose.

- **Procéder par étape**
- *Qu'est-ce que je voudrais pour moi ?*
  Quelle estime de vous-même voudriez-vous avoir si vous aviez eu une enfance idéale ou simplement suffisamment équilibrée? Clarifiez vos attentes, vos objectifs. Par exemple, je voudrais croire que je peux vivre de mon talent de musicien.

- *Qu'est-ce que je demande aux autres ?*
  Ne forcez pas la main aux autres, ne les culpabilisez pas, mais utilisez la communication non violente pour exprimer vos besoins et vos attentes (pour vous aider, lire p. 153). Par exemple : j'aurais besoin que l'on diminue notre train de vie pour que mes revenus de musicien soient suffisants.

- *Quel est le prix que je suis disposé à payer ?*
  Il faudra parfois renoncer à certains désirs, vous n'obtiendrez pas toujours satisfaction.

- *Qu'est-ce qui est vraiment important pour vous et à quoi pourriez-vous renoncer ?*
  Une fois que vous vous êtes décidé, votre petite voix intérieure ne peut plus pleurer parce que vous ne l'avez plus, vous y avez en effet consciemment renoncé. Par exemple, nous partirons moins en vacances, mais je suis en paix avec cela.

- **Entourez-vous de mentors,** d'amis, de parrains qui vous encouragent dans votre quête d'estime de vous-même, vous regardent avec bienveillance, respect, tendresse, solidarité. Et laissez – au moins temporairement – de côté les gens qui ont l'habitude de vous envoyer des petites piques.

- **Avoir une bonne estime de soi n'est ni égoïste, ni arrogant**
  Il n'est pas possible d'aimer autrui quand on ne s'aime pas soi-même. Ce n'est que quand on peut accepter ses forces et ses faiblesses qu'on peut réellement

voir avec tendresse celles d'autrui et les aimer sans les juger. Nous sommes parfois beaucoup plus dur avec nous-même qu'avec autrui. Testez votre bienveillance envers vous-même comme celle que vous avez pour les autres.

- **Respecter ses valeurs**

Il est essentiel de connaître les valeurs qui sont importantes pour nous (par exemple l'honnêteté ou le respect) et de vivre en harmonie avec elles. Le test de Barrett est un bon outil pour faire le point sur ses valeurs. Il se fait en ligne, est gratuit et les résultats vous proposent des pistes à explorer. Si dans votre quotidien, privé ou professionnel, vous êtes maltraité, on vous parle mal, cela heurte votre estime de vous-même. Si vous laissez faire, vous ne vous respectez pas et n'êtes pas respecté des autres. L'estime que l'on a de soi est dégradée. Si vous dites ce que vous pensez, en veillant à ne pas heurter l'autre, votre estime de vous remonte en flèche.

- **En pratique, on fait comment ?**

Oui aux affirmations positives : nous créons nous-mêmes les pensées qui nous viennent, nous pouvons donc nous habituer à les changer selon l'idée que ce que nous pensons, nous le deviendrons si nous le pensons assez longtemps.

Veillez à ce que vos affirmations soient formulées[89] :

☞ au présent (pas « je me sentirai mieux quand… », mais « je me sens bien dès aujourd'hui »).

☞ à la première personne (ce n'est pas « on » qui affirme, mais « je », moi et moi seul, les autres n'y sont pour rien).

☞ positivement, car selon le principe de l'obsession de la pensée négative, ce à quoi nous résistons persiste. Chaque fois que nous exprimons ce que nous ne voulons pas, notre corps tend à le réaliser (lire p. 146).

☞ de manière brève, pas avec de longues phrases.

☞ l'affirmation doit fonctionner comme un mantra court que l'on répète souvent, de préférence au réveil et au coucher.

- **Stop aux affirmations négatives**

Lorsque votre petite voix intérieure vous propose une formulation négative (par exemple je ne suis pas beau ou je suis nul), répondez lui à chaque fois « Non, ce n'est pas vrai ! », et formulez quelque chose de positif (j'ai de beaux yeux ou j'ai bien fait telle tâche). De manière générale, ne vous jugez pas négativement et ne jugez pas les autres, ne vous comparez pas, ne blâmez personne, ne vous plaignez pas.

- **Oui à la gratitude**
  Remerciez pour tout ce que vous avez, soyez généreux avec vous-même et avec les autres, fixez-vous des objectifs précis. Par exemple, je vais prendre soin de moi en marchant trente minutes par jour ou je vais appeler cet ami dont je n'ai pas de nouvelles depuis longtemps. Félicitez-vous en cours de route puis lorsque vous avez atteint votre objectif! Si vous ressentez de la lassitude ou que vous êtes démotivé, pensez à l'enfant qui pour apprendre à marcher fait de nombreuses chutes ou au lion qui échoue 85% de son temps lorsqu'il chasse.

  Temporisez, réessayez, souriez.

2 JE VIS BIEN MES ÉMOTIONS

Les émotions sont souvent décrites comme positives ou négatives, mais toutes sont importantes et doivent trouver à s'exprimer. Depuis longtemps, notre société a privilégié l'analyse intellectuelle en dévalorisant l'information venant de nos émotions et qui s'expriment dans notre corps.

Rien de plus dommageable que de dire à une petite fille qu'elle n'est pas sage quand elle se met en colère ou à un petit garçon que les garçons, ça ne pleure pas. Les émotions nous livrent des informations sur ce qui se passe, il est indispensable d'en tenir compte. Pour cela, il convient de les laisser émerger, de les écouter et de leur accorder une place. Sinon, cela risque de nous coûter énormément d'énergie de maintenir un couvercle par-dessus et un jour ou l'autre, celui-ci pourrait bien exploser.

Imaginons un petit garçon qui est triste parce qu'il a perdu son grand-père et à qui on dit qu'il doit être fort et ne pas pleurer. Le petit garçon ne peut pas faire son deuil. Sa tristesse est toujours là, mais il a simplement été obligé de mettre un couvercle dessus.

Trente ans plus tard, sa femme est surprise de le voir pleurer autant devant un film où il est question d'une personne âgée qui meurt.

Mettre un couvercle sur une émotion, c'est comme ignorer un voyant lumineux sur le tableau de bord de votre voiture, un jour ou l'autre, il y aura des conséquences.

LES PRINCIPALES ÉMOTIONS SONT AU NOMBRE DE QUATRE : LA JOIE, LA TRISTESSE, LA COLÈRE ET LA PEUR.

Toutefois, les émotions de base peuvent être détaillées : extase, sérénité, optimisme, amour, admiration, confiance, acceptation, mais aussi chagrin, songerie, désappointement, remords. Et enfin, terreur, appréhension, crainte, soumission, étonnement, distraction, (hyper-)vigilance, anticipation, intérêt. Rage, contrariété, mépris, aversion, ennui.

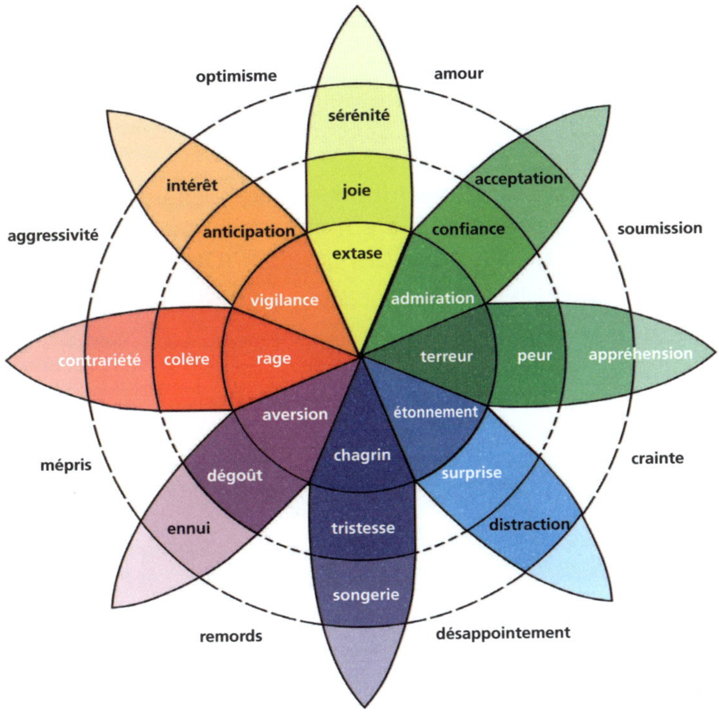

La roue des émotions de Robert Plutchik

VOYONS COMMENT FONCTIONNENT LES ÉMOTIONS ET CE QUE NOUS POURRIONS FAIRE POUR LES APPRIVOISER :

- Je choisis de vivre pleinement mes émotions.

- Je ne pose pas de couvercle dessus : lorsqu'une émotion émerge, je la laisse me traverser, je ne tente pas de passer rapidement à autre chose et ne pas la ressentir pleinement. Au début, pensez à la soupape d'une Cocotte-Minute qui va vous permettre de doser la montée de votre émotion afin d'éviter d'exploser en une fois. Ce qui compte, c'est de ne plus permettre à un couvercle de contenir l'émotion, de la faire taire.

- Je laisse l'émotion m'emplir. Je la ressens dans quelle partie de mon corps ? Dans ma gorge ? Ma poitrine ? Mon ventre ou ailleurs ?

- Je respire dans l'émotion : je peux sentir mon cœur battre plus rapidement (un peu d'adrénaline), parfois aussi une légère peur en plus de l'émotion première, parce que je ne mets pas le couvercle habituel.

Le professeur Tal Ben-Shahar, qui enseignait le cours de psychologie positive à l'université de Harvard, nous recommande de procéder comme suit :

« Voici une petite expérience. Pendant les dix prochaines secondes, je vous demande de ne pas penser à un éléphant rose. Vous savez de qui je veux parler ? De Dumbo avec ses grandes oreilles ? Oui, cet éléphant rose-là !

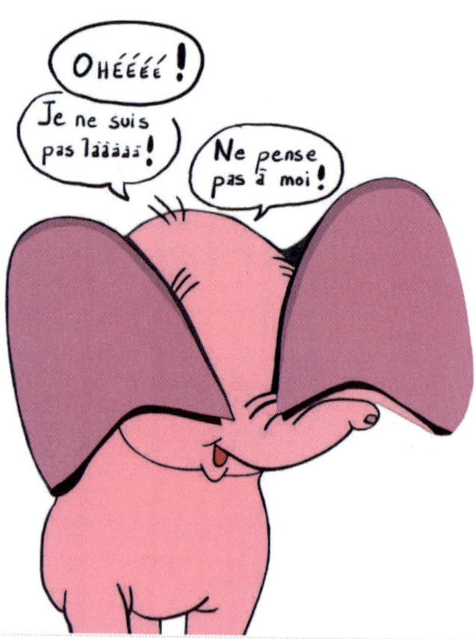

Eh bien, ne pensez pas à cet éléphant pendant encore deux secondes supplémentaires. J'ai la forte intuition que vous avez pensé à un éléphant rose. Pourquoi ? Parce que lorsqu'une expression est répétée, encore et encore, nous y pensons. Lorsqu'on entend, "n'y pense pas", quand nous essayons de faire disparaître cette pensée, nous sommes bien plus susceptibles de continuer à la visualiser. C'est dans notre nature. En essayant de rejeter des sentiments pénibles, ils deviennent plus forts et durent plus longtemps. »

Non seulement nous ne devons pas mettre de couvercle sur nos émotions difficiles, mais il faut les encourager : « Sois encore plus anxieux. Ton énergie nerveuse n'est pas suffisante. Allez, sois plus anxieux. » Ce qui est intéressant, c'est qu'en incitant votre anxiété – ce qui revient une fois de plus à se donner l'autorisation de ressentir cette émotion – il y a de grandes chances pour que finalement, celle-ci s'atténue peu à peu[90].

Une émotion dure généralement deux à trois minutes. La prochaine fois qu'une émotion difficile vous traverse, laissez-la prendre de l'ampleur au sein de votre corps, ne mettez pas de couvercle, respirez calmement et attendez qu'elle s'atténue. Il n'y a pas de danger. Une émotion, c'est juste de l'énergie. Respirez pour la faire circuler, et ainsi la mettre en mouvement et la dissoudre. Pour les personnes sujettes aux crises d'angoisse, pratiquez régulièrement des exercices de respiration afin de maîtriser l'angoisse lorsqu'elle pointe son nez. Aidez-vous de Rescue (fleurs de Bach).

- Je définis précisément de quelle émotion il s'agit : les mots sont importants. Cela va vous aider à mieux vous comprendre, vous accepter et cerner vos interactions avec les autres. Il est facile de savoir s'il s'agit d'une des quatre grandes familles d'émotions (peur, colère, tristesse, joie), mais entrainons-nous à creuser davantage. Par exemple je me sens tendu, anxieux, démuni, coupable ou excité, rassuré, paisible, impatient, gonflé à bloc.

- Auquel de mes besoins est liée cette émotion ? Nous avons vu la pyramide des besoins de Maslow (p. 124). Par exemple : « J'ai rédigé un mémo que j'ai envoyé à mon patron il y a deux jours mais je n'ai pas eu de retour. Je commence à m'inquiéter. » Quel peut être mon besoin derrière cette émotion ? Celui d'être rassuré sur la qualité de mon travail. Et aussi, que mon travail soit reconnu. S'il l'est, je nourris mon estime de moi et mon sentiment d'appartenance à l'entreprise.

- Si mes besoins sont satisfaits, mes émotions seront plus agréables. Par exemple, je sais que j'ai ma place dans l'entreprise et que mon travail est apprécié. Si mon patron n'a pas réagi à mon mémo, c'est sans doute qu'il n'a pas encore eu le temps de le lire. Je lui demanderai ce qu'il en pense à la prochaine occasion.

- Si mes besoins ne sont pas satisfaits, mes émotions seront plus difficiles. Par exemple, je suis nouveau dans l'entreprise et je n'ai pas trop confiance en moi, je ne suis pas sûr que mon travail est apprécié. Si mon patron n'a pas réagi, c'est peut-être parce que mon mémo ne correspond pas à ses attentes. Je rumine cette crainte, sans oser lui en parler.

- Le soir, je passe ma journée en revue et j'identifie les différentes émotions qui m'ont traversé, quel était le besoin sous-jacent et quelle a été ma réponse à mes émotions ? Éventuellement, je note le tout dans un cahier pour me familiariser avec cet exercice.

Lorsqu'on commence à bien identifier nos émotions et nos besoins sous-jacents, on peut commencer à mieux gérer nos émotions, on ne les subit plus.

Des études considèrent que nous vivons 4 émotions négatives pour 1 émotion positive. Cette proportion de 4 pour 1 est pourtant très culturelle : certains habitants d'autres régions dans le monde sont bien davantage dans la joie et la bonne humeur que nous. Voyons comment booster nos émotions positives.

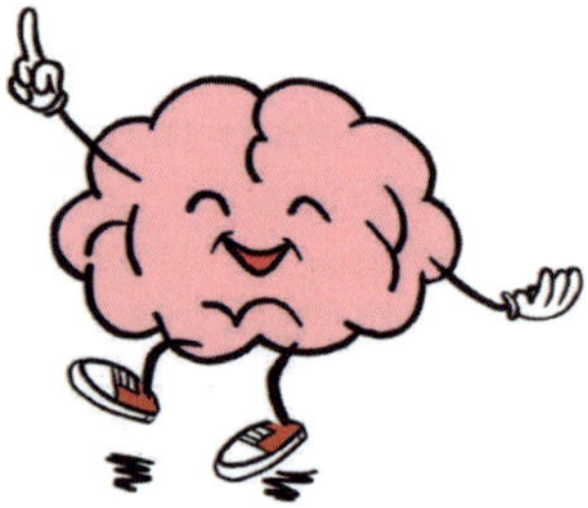

BOOSTER MA JOIE

Plusieurs enquêtes américaines affirment que le bonheur des gens a peu évolué entre 1940 et 1990, mais que leur pouvoir d'achat a triplé. Alors, si l'argent ne fait pas le bonheur, qu'est-ce qui boostera notre joie ?

☞ Commencez par sourire et observez l'émergence de la joie. Même si votre sourire est forcé, votre cerveau n'y voit que du feu et le sentiment de joie apparait : sérotonine et dopamine, deux des hormones du plaisir, sont diffusées dans le corps. Bingo ! Observez où cela se passe dans votre corps. Au niveau du cœur, de la tête ou ailleurs ?

☞ Souriez, et observez que vous êtes incapable d'avoir une pensée négative ou de ruminer !

☞ Se sentir heureux et joyeux est surtout un état d'esprit : nous connaissons tous des épreuves. La question est : qu'est-ce que j'en fais ? Est-ce que je peux voir le verre à moitié plein ? Est-ce que je peux avancer dans ma vie ?

☞ « Le bonheur, c'est le temps que tu accordes à ta joie »[91] : cette phrase est magnifique. Plus tu lui accordes du temps, plus tu décides de lui donner de l'espace, plus tu es heureux. C'est aussi simple que ça.

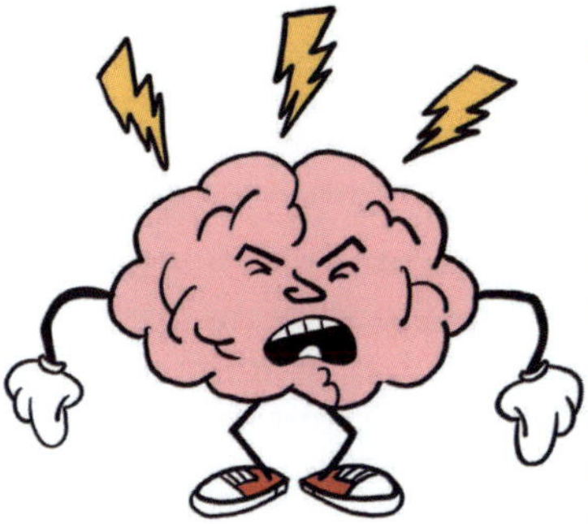

COMPRENDRE MA COLÈRE

La colère est toujours une manière d'extérioriser quelque chose, elle fait écho à l'un de nos besoins auquel on n'a pas répondu. Par exemple, mon enfant n'a pas débarrassé sa table du petit déjeuner, ça me met en colère. Cette émotion vient mettre en lumière différents besoins qui ne sont pas assouvis, dont on n'a pas pris soin : celui d'un intérieur propre et rangé auquel tout le monde contribue. La charge émotionnelle est peut-être encore plus explosive parce que je la subis presque tous les jours et que je retiens ma colère depuis un moment. Elle s'est accumulée et quand enfin elle sort, elle peut être disproportionnée par rapport à l'événement déclencheur.

Quelles sont les formes que peut prendre la colère ?

☞ Si l'on exprime ses besoins au fur et à mesure à l'aide de la communication non violente et qu'on se donne le temps d'en prendre soin, on peut en bonne partie réduire les sources de sa colère, la désamorcer. C'est le début de la sagesse !

☞ Quand la colère est là, laissez-la sortir. Cela ne vous donne pas pour autant le droit de vous mettre en colère contre les autres et de passer vos nerfs sur eux, mais il ne faut pas la garder à l'intérieur de soi. Souvent, la colère se met dans l'estomac, il y a un truc qui ne passe pas, qu'on a du mal à digérer.

☞ Quand la colère est là, ne la retournez pas non plus contre vous. Nombreux sont ceux qui ont bien intégré qu'il fallait être sage, ne pas faire de vagues, ne pas faire de bruit, alors ils retournent leur colère contre eux : « Ce sont toujours mes post-its qu'on vole, je ne sers qu'à ça, de toute façon je ne suis qu'une bonne poire… » Et on rumine.

☞ Parfois, on ne s'autorise tellement pas la colère qu'on passe directement à la tristesse. C'est le cas notamment des personnes qui ont très bien intégré qu'il était socialement plus acceptable d'être triste, voire de pleurer, que de se mettre en colère. Or, si l'on reprend notre exemple de la table du petit déjeuner qui n'est pas rangée, la tristesse exprimerait un besoin d'être réconforté ou de faire le deuil de quelque chose, ce qui n'est pas le cas ici. La colère pourrait être plus juste, car elle exprimerait davantage le souhait d'être considéré et respecté. Sachez démasquer la tristesse qui cache en réalité un sentiment de colère.

Que faire de cette émotion colère ?

☞ Avant toute chose, laissez-la monter, accueillez-la. Ce qui, rappelons-le, ne vous autorise nullement à agresser votre prochain. Respirez-la, apprivoisez-la, jouez avec. Je le répète, une émotion ne dure que deux ou trois minutes. Ensuite, la vague retombe, l'adrénaline diminue. Avoir peur de sa colère, ne pas l'autoriser, l'emprisonne à l'intérieur de nous.

☞ Prenez le temps, pendant que vous sentez la colère ou lorsqu'elle est passée, de mettre des mots sur le besoin sous-jacent auquel il n'a pas été répondu. Vous verrez qu'au début, ce n'est pas si simple.

☞ Essayez le plus souvent possible de communiquer de manière non violente votre besoin et formulez une proposition de solution (voir ci-dessous).

Parfois, votre besoin est si impérieux (par exemple, le besoin d'intégrité physique, le fait de ne pas être touché, de ne pas être harcelé) qu'il faudra mobiliser toute votre énergie pour imposer la ligne rouge que l'autre ne peut en aucun cas franchir. Votre attitude physique, votre regard, votre parole vous aideront à faire respecter vos limites en complément de votre colère.

☞ Lorsque l'énergie de la colère demande à sortir, à s'exprimer, vous pouvez toujours choisir de crier un bon coup quand vous êtes seul au volant, ou chez vous, ou dans les bois. J'ai eu une psy qui sortait une raquette de tennis et m'invitait à taper très fort sur de gros coussins en verbalisant ma colère. C'était très efficace. Après l'avoir évacuée, remettez par la pensée une bonne dose de douceur et un sourire pour contrebalancer l'énergie de la colère. Soyez bienveillant avec vous-même, félicitez-vous, vous avez réussi.

☞ Au fil du temps, je me suis aussi rendue compte que je savais exprimer ma colère envers certaines personnes (mon mari, mes enfants, des amis, des collègues, ils me pardonneront), mais pas toutes (par exemple, la figure du père ou de la mère). Vous censurez-vous dans certains contextes ou avec des gens en particulier ? Si oui, pourquoi ? Peut-être n'aviez-vous pas le droit, enfant, de vous mettre en colère ? Ou vous pensiez ne pas avoir ce droit ? Vous aurait-on moins aimé ? Ou avez-vous cru qu'on vous aimerait moins ? Notez vos observations.

☞ Si vous ruminez trop votre colère : écrivez une lettre à la personne concernée et choisissez soit de l'envoyer (pas à chaud, mais après avoir dormi une ou deux nuits dessus), de la déchirer et de la jeter, de la brûler ou encore de l'enterrer.

VIVRE MA TRISTESSE

La tristesse permet de faire le deuil d'une situation ou d'une personne. On dit que les larmes nettoient, qu'elles font sortir la tristesse du corps. Ne nous en privons pas. Il y a des gens qui n'ont plus versé une larme depuis bien longtemps, qui se sont comme enfermés dans une sacrée carapace.

La tristesse et le deuil sont essentiels pour tirer les enseignements et donner une place juste à votre vécu. Si vous sentez que vous vous enlisez dans votre tristesse, demandez-vous comment quelqu'un que vous admirez ou que vous trouvez positif aborderait votre situation. Donnez du poids aux aspects positifs de votre vie pour rebondir.

À l'ère des réseaux sociaux, une croyance s'est installée, celle de nous trouver toujours en forme, joyeux, positif. Certains milieux médicaux préconisent même la prise d'antidépresseurs après deux semaines de tristesse[92] ! Je me souviens que lorsque j'étais enfant, on disait que le deuil d'un parent prend un an environ. Jadis, on s'habillait même en noir durant douze mois pour extérioriser son deuil.

La tristesse résulte parfois d'un sentiment d'impuissance par rapport à ce que nous vivons. Une de mes devises préférées : « À chaque problème il y a plusieurs solutions ! » Réfléchissez à toutes les options réalistes et même irréalistes que vous pourriez mettre en œuvre. Remettez du mouvement.

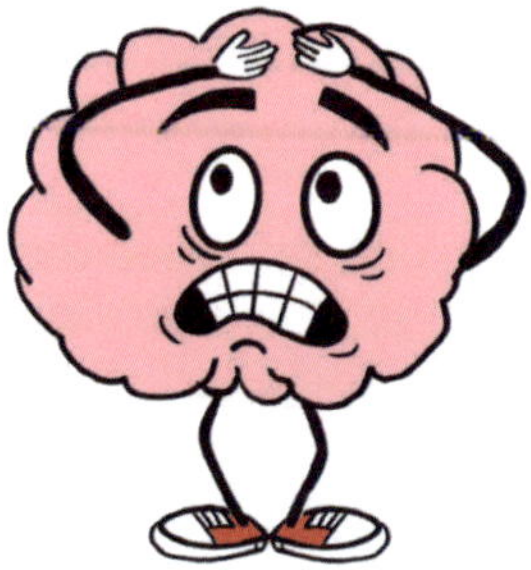

DOMPTER MA PEUR

La peur est indispensable à notre survie, elle nous alerte de manière instinctive en cas de danger et nous pousse à vite choisir entre « fuir ou combattre ». On sent bien que la peur est une émotion très physiologique : l'adrénaline est là, le cœur s'accélère, on peut avoir des sueurs. Où ressentez-vous cette émotion dans le corps ? Partout ? Surtout dans le haut du corps ? Ou avez-vous aussi les jambes flageolantes ? Vos mains tremblent ? Retenez que seules 8% de nos peurs sont fondées sur une menace concrète[93], ne leur laissez donc pas trop de place. Elles constituent plus souvent un frein qu'un moyen d'éviter le danger. On dit d'ailleurs que la peur est mauvaise conseillère !

Nos peurs mènent souvent à des préoccupations. Pré-occupation = avant l'occupation. Ce n'est donc pas le moment de s'en occuper. Et si demain j'attrapais une maladie ? Et si demain je perdais mon emploi ? Vous vous en occuperez si et quand la situation se présentera. Pour le moment, profitez de la vie ! Écoutez de la musique et dansez !

Encore deux précisions sur les mécanismes de **la honte** et de **la culpabilité** qui nous coûtent beaucoup d'énergie, souvent inutilement.

La honte est la conséquence d'une humiliation ou de ce qui a été vécu comme tel. Pour éviter que l'humiliation ne se reproduise, nous nous interdisons d'être pleinement nous-même, de faire preuve de créativité, d'oser de nouvelles choses de peur que quelqu'un (un manager, un collègue, un parent…) nous rabroue, nous humilie, et nous mettons un couvercle sur toute notre personne. Pensez au lion qui échoue dans 85% de ses chasses et osez vous tromper, échouer. Avec le sourire et dans la joie. Qui ne tente rien, n'a rien.

La culpabilité consiste en un sentiment de faute ressentie, que celle-ci soit réelle ou imaginaire. Imaginons que l'un de vos parents estimait, quand vous étiez enfant, que vous perdiez trop de temps à regarder la télévision (aujourd'hui, ce serait un parent avec le temps d'écran de son ado), il se peut qu'à l'âge adulte, inconsciemment, vous ayez du mal à profiter des moments de détente, car vous ressentez toujours cette culpabilité. Vous risquez de vous épuiser si vous ne vous autorisez pas un temps de récupération adéquat. Il est important d'observer ce processus chez soi pour pouvoir le déconstruire et lâcher sa culpabilité, ce qui va booster votre énergie.

3 JE GÈRE LES CONFLITS, MÊME PAS PEUR

Les conflits latents ou ouverts sont une source de stress importante et très énergivores. Ils sont capables de littéralement nous ronger de l'intérieur. Les principes ci-dessous peuvent être utiles tant pour ceux qui n'osent pas dire quand quelque chose ne leur convient pas, que pour ceux qui y parviennent très bien, mais ont tendance à le faire de manière un peu brusque.

Si vous n'aimez pas parler de ce qui ne va pas ou ce qui vous heurte, demandez-vous pourquoi. Si c'est par peur d'être rejeté, de ne plus être aimé, d'être jugé, humilié, qu'on abuse de votre vulnérabilité, c'est fort compréhensible et vous êtes nombreux dans ce cas. Souvenez-vous que ne pas dire les choses constitue une bombe à retardement. Le plus tôt vous commencerez à exprimer vos besoins, le mieux vous vous sentirez. Vous serez étonné de voir qu'en appliquant les principes décrits ci-dessous, votre entourage tant privé que professionnel va le plus souvent simplement s'ajuster pour prendre en compte vos besoins. Référez-vous aussi aux chapitres traitant de la pyramide des besoins de Maslow (p. 124) et de l'estime de soi (p. 138) qui peuvent vous aider à mieux vous comprendre et à franchir le pas.

Si vous osez dire les choses mais que vous n'y mettez pas les formes, les principes ci-dessous vous aideront grandement à développer de meilleures relations avec votre entourage. Vous créerez des situations gagnant-gagnant en tenant compte des besoins de l'autre plutôt que d'imposer votre vérité ou la loi du plus fort.

L'outil le plus important pour gérer un conflit est la communication non violente, car elle permet à chacun d'exprimer son point de vue avec une chance d'être entendu par l'autre. Il s'agit d'une manière de communiquer établie par Marshall Rosenberg et qui est très utile pour communiquer en général et particulièrement lors d'un conflit.

La base : instaurer un climat de confiance tant à la maison qu'au travail et permettre une communication transparente et respectueuse.

VOICI LES **CINQ** ÉTAPES DE LA COMMUNICATION NON VIOLENTE :

Expliquons ces étapes à la lumière d'un exemple concret : vous travaillez dans un espace paysagé et votre collègue parle souvent fort au téléphone, ce qui vous empêche de vous concentrer.

1 L'INTENTION

Posons une intention bienveillante à l'égard de la personne avec qui nous sommes en conflit et à l'égard du conflit lui-même. Laissons alors agir les neurones miroirs de notre interlocuteur, ces cellules du cerveau qui permettent d'apprendre une nouvelle tâche en regardant l'autre faire et de percevoir son intention. Ainsi, votre interlocuteur va intuitivement percevoir votre intention positive et a de bonnes chances d'entrer dans la même énergie que vous. Dites-vous par exemple : j'ai envie d'en parler avec mon collègue et de solutionner la situation.

2 L'OBSERVATION

Observons les faits, sans les analyser ni les juger. Ils sont neutres. Si nous décidons de simplement les décrire, notre interlocuteur ne se sentira pas attaqué et n'entrera pas en mode défense ou contre-attaque. Par exemple : tu téléphones régulièrement dans l'espace paysagé, tu parles assez fort.

3 JE FORMULE CE QUE JE RESSENS

J'identifie le sentiment qui me traverse, j'ose montrer ma vulnérabilité. Je ne dis rien sur l'autre, seulement ce que je ressens. J'utilise donc le « je » : « je me sens en colère » ou « je me sens stressé » ou « je me sens triste ». Par exemple : je n'arrive pas à me concentrer, cela me stresse et me met en colère à l'intérieur.

4

J'EXPRIME MON BESOIN

Si l'on n'exprime pas notre besoin profond, il est possible que l'autre interprète ce qui nous arrive, ce que nous ressentons, pourquoi nous le ressentons, et qu'il parvienne à une autre conclusion que la nôtre puisque nous sommes tous différents, avec notre passé, notre personnalité, nos zones sensibles. Il convient donc d'identifier la nature de notre besoin dans un conflit. Si c'est difficile pour vous de le faire, pensez à la valeur qui selon vous serait mise en danger. Référez-vous à la pyramide des besoins de Maslow (lire p. 124) ou cherchez une liste plus longue sur internet pour trouver les mots justes. Je vais dire par exemple : j'ai besoin de calme pour réaliser mes tâches et atteindre mes objectifs. J'en ai besoin pour ressentir la satisfaction du travail accompli et me sentir en sécurité dans mon milieu professionnel.

5

JE FORMULE UNE DEMANDE À L'AUTRE

Il convient ensuite de demander à l'autre s'il serait prêt à changer de comportement. Par exemple : est-ce que tu serais d'accord pour passer tes coups de fil dans la salle de réunion plutôt que depuis ton bureau ?

Il faut accepter que l'autre refuse notre demande ou qu'il puisse formuler une contre-proposition. Par exemple : « Je ne crois pas que cela gêne d'autres personnes, peut-être que tu peux aller dans une salle de réunion lorsque tu as besoin de te concentrer ? Ou mettre un casque anti-bruit ? »

Si notre formulation est en réalité une exigence déguisée (par exemple : tu arrêtes de téléphoner dans l'espace paysagé sinon ça va mal se passer !), ce n'est pas de la communication non violente, mais plutôt une tentative de manipuler l'autre. L'objectif de la communication non violente est de faciliter des relations humaines plus fluides, où on donne et on reçoit.

La pratique de la communication non violente demande un peu d'entraînement. Si vous devez tenir une conversation de ce type, n'hésitez pas à la préparer par écrit à l'avance pour vous familiariser avec les cinq étapes.

4 MOI, STRESSÉ ?

MAIS EN FAIT, LE STRESS, C'EST QUOI ?

Le stress est une réaction physiologique qui fait suite à un événement déclencheur qui peut être externe (vous vous retrouvez face à un lion en liberté) ou interne (vous pensez à cette évaluation avec votre patron qui aura lieu la semaine prochaine ou plus simplement à tout ce qu'il vous reste encore à faire aujourd'hui).

Cet événement externe ou interne va déclencher dans votre corps la production de deux hormones de stress produites au milieu de votre dos par les glandes surrénales (comme leur nom l'indique, ces deux glandes se situent sur et au-dessus, des reins) :

- ☞ L'adrénaline : elle est secrétée en vue de faire face à un effort, notamment physique. Vous voyez le lion et votre corps va produire l'adrénaline qui vous permet de fuir si nécessaire. Votre rythme cardiaque s'accélère ainsi que votre pression sanguine.

- ☞ Le cortisol : indépendamment du stress, le cortisol est sécrété dès votre réveil. C'est l'hormone qui vous fait vous lever et vous mettre en route. Au cours de la journée, il diminue pour faire place, le soir, à la libération de la mélatonine, l'hormone du sommeil. Le corps produit du cortisol en quelque sorte à la carte en cas de stress.

L'adrénaline est produite en cas de stress aigu, tandis que le cortisol est davantage l'hormone du stress chronique.

LE STRESS EST-IL POSITIF OU NÉGATIF ?

Il peut être positif lorsqu'il nous alerte sur un danger qu'il faudra fuir ou affronter, ou lorsqu'il constitue un stimulant pour atteindre nos objectifs, favorise notre créativité, notre inspiration.

Mais le stress peut aussi être négatif lorsqu'il nous paralyse ou est présent en trop grande quantité ou durant une longue période. C'est le fameux stress chronique.

UN PEU DE STRESS ÇA VA, TROP DE STRESS, BONJOUR LES DÉGÂTS !

Lorsque nous avons une trop grande quantité d'hormones de stress dans le corps pendant longtemps, il y a des conséquences. En raison de l'acidification de l'organisme sous l'effet des hormones de stress, différentes douleurs physiques peuvent se manifester : maux de tête, tensions dans la nuque, les épaules, les bras, le dos, douleurs d'estomac, difficultés à digérer, mais aussi allergies alimentaires, eczéma, psoriasis, maladies auto-immunes. Le stress augmente le risque d'AVC, de maladies cardiovasculaires, de diabète ou de cancers. En outre, trop de stress peut provoquer des troubles du sommeil : des difficultés d'endormissement ou des insomnies, voire des réveils très précoces. La fatigue rend encore plus difficile la gestion du stress. Un excès de stress peut aussi mener à des troubles de l'humeur : irritabilité, agressivité, colère, cynisme, tristesse, hypersensibilité, passivité.

Il y a une partie d'événements stressants que nous ne pourrons jamais éliminer. Selon l'échelle de Holmes et Rahe (vous la trouvez sur internet), les événements les plus stressants sont : le décès du conjoint (100 points), un divorce (73), une maladie (53), un licenciement (47), mais aussi des événements perçus comme étant positifs tels qu'un mariage (50) ou une réconciliation entre époux (45). Comme chacun d'entre nous perçoit le stress de manière différente, vous pouvez aussi répondre au questionnaire d'auto-évaluation du stress de Cohen en ligne. Gratuit, il est l'occasion d'évaluer votre ressenti par rapport aux situations que vous vivez actuellement.

RETENONS que l'on peut essayer d'éviter les situations stressantes, mais aussi travailler sur la manière d'aborder certaines situations. Nous connaissons tous des gens autour de nous qui ont toujours l'air zen. Si ce n'est pas votre cas spontanément, rassurez-vous, les trucs et astuces pour bien gérer le stress, c'est par ici !

La règle d'or : le stress peut se gérer au niveau physique, mental et émotionnel

1. La gestion physique du stress

NOTRE SOMMEIL

La première règle est de vous octroyer suffisamment de temps de sommeil. Rappelez-vous que 90% de la population a besoin de minimum 7 heures 30 à 8 heures de sommeil chaque nuit.

Il nous est à tous arrivé d'avoir une nuit trop courte. Au réveil, nous sommes irritables, moins concentrés, moins productifs. Le manque de sommeil a un effet boule de neige : nous gérons moins bien le stress et comme nous sommes davantage stressés, nous dormons moins bien (difficultés à s'endormir car trop de cortisol dans le corps ou insomnies au milieu de la nuit à cause de ce qui nous préoccupe).

Un manque chronique de sommeil impacte négativement tous les aspects de notre vie. Si c'est votre cas, référez-vous au chapitre sur le sommeil, p. 17.

NOTRE ALIMENTATION ET NOS BOISSONS

Le stress en quantité trop importante va acidifier notre corps, ce qui génère des symptômes de fatigue, d'irritabilité, des problèmes digestifs, des douleurs diffuses, mais aussi des troubles du comportement alimentaire[94]. Il a tendance à nous faire consommer davantage d'aliments de « réconfort », riches en sucres raffinés et en mauvais gras, ainsi que le café, le tabac et l'alcool.

Le cercle vicieux de la malbouffe

Suite à la prise d'aliments et de boissons à indice glycémique élevé tels que le pain blanc du burger, la lasagne industrielle, le Coca ou les friandises, le corps produit un pic d'insuline pour contrebalancer cet afflux excessif de sucre. L'insuline entraîne une chute du taux de sucre dans le sang. Notre organisme doit alors secréter une plus grande quantité de cortisol (une des deux hormones de stress) afin de procurer au cerveau le sucre dont il a besoin pour fonctionner, ce qui intensifie l'état anxieux et stimule le besoin d'aliments à haute teneur glucidique. C'est un cercle vicieux : en cas de stress, nous avons tendance à nous tourner vers la malbouffe salée et sucrée qui déclenche physiologiquement plus de stress (production de cortisol), ce qui nous donne envie de craquer pour plus de malbouffe. Le tout mène à la fatigue, à la déprime et au surpoids.

Le cercle vertueux de l'alimentation saine

Si vous répondez au stress par une alimentation saine, celle-ci ne provoquera pas de pic d'insuline, donc pas de production de cortisol en réaction à l'hypoglycémie, donc pas de fatigue, d'irritabilité et de déprime, et bien au contraire une envie de bouger, de la bonne humeur et de la zénitude ! Nous l'avons vu, manger beaucoup de fruits, de légumes et de poissons ferait diminuer de 26% le risque de souffrir de dépression[95].

Alors c'est quoi, une alimentation saine pour mieux gérer notre stress ?

Évitez autant que possible les aliments à indice glycémique élevé : céréales raffinées de type pain blanc, riz blanc, pâtes non complètes, viennoiseries, biscuits, gâteaux, bonbons, chocolat (autre que noir à minimum 70% de cacao), sodas, jus de fruit même frais, alcool.

Recherchez un bon équilibre acide-base :

- ☞ Réduisez à maximum 50% de votre alimentation les aliments et boissons acidifiants : protéines animales (particulièrement la viande rouge et les charcuteries), les céréales, oléagineux et produits laitiers, viennoiseries, pâtisseries, sucreries, sodas, alcool.

- ☞ Prévoyez de manger et de boire au minimum 50% d'aliments alcalins : des fruits, légumes, bonnes huiles végétales (olive, colza, noix, lin, caméline), poissons et poissons gras (maquereaux, sardines, anchois, harengs), thés et tisanes.

Petites astuces pour rappel : commencez dès le petit déjeuner à rechercher cet équilibre acide-base, sinon ce sera difficile d'y parvenir au cours de la journée. Ayez toujours de la soupe épaisse (pour éviter le reflux) dans votre réfrigérateur et chacune de vos assiettes est composée pour moitié de légumes et de salade (lire p. 44).

LE SAVIEZ-VOUS ?

Le jus d'un demi-citron a un grand impact alcalin sur notre organisme, alors que son goût est acide !

LA LUMIÈRE

Exposez-vous à la lumière du jour, surtout le matin. À défaut, une lampe de luminothérapie de 10 000 lux (à partir d'une quarantaine d'euros) contribuera à la libération de l'hormone de sommeil en fin de journée. Un meilleur sommeil induira une meilleure gestion de votre stress. Si c'est possible, installez votre bureau près d'une fenêtre.

BOUGER !

Marcher

Faire de l'exercice physique active votre métabolisme et va ainsi permettre de réduire plus rapidement les effets des hormones de stress et de réguler votre humeur. Tout ce qu'il faut pour mieux appréhender des situations potentiellement stressantes. À consommer sans modération ! Si possible, deux fois 15 minutes par jour minimum.

Dans la nature

Rappelez-vous aussi que la nature harmonise notre métabolisme et vous énergise en une vingtaine de minutes si vous êtes fatigué. Inversement, faites le test : si vous arrivez stressé dans la nature, vingt minutes suffiront à vous détendre et à vous faire relativiser la source externe ou interne (vos pensées) de stress, voire de trouver de nouvelles pistes pour résoudre vos soucis.

Yoga - sophrologie - pilates - tai-chi - qi gong

Si vous n'avez encore jamais essayé l'une de ces disciplines, peut-être est-il temps de vous inscrire à un cours d'initiation ou d'essayer en ligne ? De nombreuses solutions gratuites existent. Ces activités physiques combinent le mouvement et une certaine maîtrise de soi et de sa respiration, donc de son stress.

Activité physique

Choisissez une activité physique qui vous plait. Trouvez si possible quelqu'un qui a envie de vous accompagner, ce qui sera plus efficace pour votre motivation dans la durée. Et faites un max de sport ! « Le temps de la pratique, le sport vous soustrait aux questions qui vous minent au quotidien et nettoie votre esprit pour vous le rendre comme neuf, prêt à l'emploi[96]. »

LES COMPLÉMENTS ALIMENTAIRES ANTISTRESS

Le corps est un tout et vous aurez besoin d'un bon taux d'hormones thyroïdiennes (l'iode qui stimule votre glande thyroïde se trouve dans les fruits de mer et le poisson), de fer (pour le transport de l'oxygène par le sang à travers votre corps) et des vitamines, surtout des groupes B et D. Mais le chouchou antistress, c'est le magnésium. Faites une cure de magnésium matin et soir pendant un mois et notez tous les jours si votre calme intérieur, votre humeur et votre sommeil en sont améliorés. Si c'est le cas, sachez que le magnésium peut se prendre toute l'année. Un éventuel excès serait éliminé dans vos urines.

LES COUPS DE POUCE NATURELS

Si vous traversez une période plus difficile, qu'une réunion ou un entretien pourrait vous stresser plus que la normale, un petit coup de pouce s'impose avec le remède miracle : Rescue des fleurs de Bach.

- 1 pipette directement dans la bouche avant la réunion. Effet garanti dans les deux ou trois minutes et pour une durée pouvant aller jusqu'à une heure.

- 1 pipette dans un demi-litre d'eau plate que vous sirotez pendant la journée par petites gorgées pour vous calmer pendant une période plus difficile.

Vous pouvez aussi respirer de l'huile essentielle de lavande vraie plusieurs fois par jour (précaution si vous êtes enceinte, allaitante, allergique, asthmatique ou épileptique).

2. La gestion mentale du stress

Face à une même situation stressante, nous pouvons avoir différentes réactions. Elles peuvent nous venir naturellement ou nous pouvons travailler ces réactions mentalement.

Le meilleur stress est celui qu'on évite

Par analogie à « l'énergie la moins polluante est celle que l'on ne consomme pas », le meilleur stress est celui que l'on n'a pas ! Si écouter ou lire les infos a actuellement tendance à vous énerver ou vous inquiéter, évitez ou réduisez donc les médias traditionnels, en ligne ou sociaux. C'est un choix conscient.

La théorie des 3 cercles de gestion du stress va nous permettre de bien visualiser ce qui se passe en pratique et de décider de l'attitude à adopter :

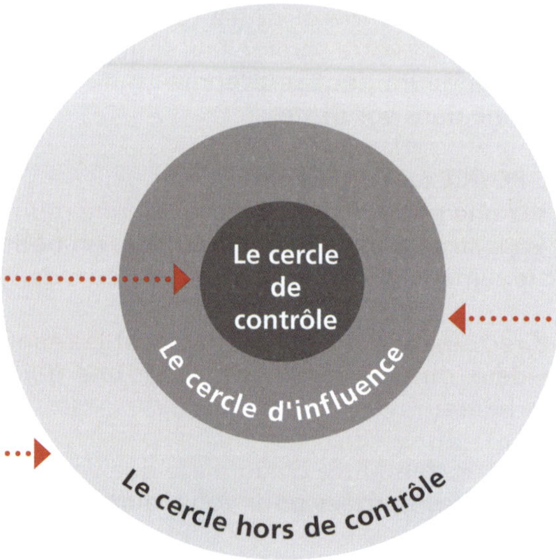

- ☞ ***Le cercle de contrôle :*** ce sont les événements et les situations sur lesquels vous avez une emprise. Vous avez le pouvoir de décider, de choisir. Par exemple, qu'est-ce que je mange au petit déjeuner, est-ce que j'apprends une nouvelle langue, un outil informatique, je pratique une activité physique ?

  Donnez-vous-en à cœur joie, c'est vous qui décidez !

- ☞ ***Le cercle d'influence :*** vous avez la possibilité d'influer sur la situation, mais ce n'est pas à vous que revient la décision finale. Par exemple : la direction demande aux employés s'ils préfèrent une fête du personnel sous forme de dîner à table ou de soirée dansante. Vous pouvez tenter d'influencer vos collègues, mais c'est la direction qui décidera.

  Exercez votre influence du mieux que vous le pouvez, puis… lâchez prise. Passez à autre chose.

- ☞ ***Le cercle hors de contrôle :*** vous pouvez danser sur votre tête, vous n'avez aucun impact sur la décision finale. Par exemple : les actionnaires outre-Atlantique vont-ils poursuivre l'activité européenne ou non ? Ou va-t-il y avoir une recrudescence de cas de Covid?

  Lâchez prise immédiatement. Pourquoi ? Vous pouvez vous énervertant que vous le voulez, ne pas en dormir, vous rendre malade, ça n'y changera rien.

LE VERRE À MOITIÉ PLEIN

Sans tomber dans le travers qui consiste à se persuader que tout est rose tout le temps, on peut tenter, avec notre mental de voir le verre plutôt à moitié plein qu'à moitié vide. Faites en fin de journée la liste de ce qui va bien, de ce qui a été agréable ce jour-là. Le soir en vous endormant, remémorez-vous trois choses qui vous ont bien plu. Souriez, même si vous n'êtes pas filmé ! Une autre technique consiste à écrire tout ce que vous avez sur le cœur dans un carnet, puis de le refermer et ne plus y penser.

LA RESPIRATION

Qu'est-ce que la respiration a à voir avec la gestion du stress, me direz-vous ? Et bien, beaucoup. Certes, nous respirons tous, mais plus nous sommes stressés et plus nous respirons dans la partie supérieure de nos poumons uniquement. Pour que la respiration produise un impact positif sur notre niveau de stress, nous pouvons commencer par respirer dans l'entièreté de nos poumons. Ensuite, nous pourrons jouer avec le rythme de notre respiration ; calme et profonde, elle ralentira les battements du cœur et fera baisser la tension artérielle.

☞ ***Emplir pleinement ses poumons***

Vérifiez que vous ne respirez par petits à-coups sur le haut de vos poumons. Si c'est le cas, essayez de respirer plus profondément afin d'inspirer davantage d'air. Une technique utile consiste à inspirer lentement, le plus longtemps possible, en laissant tout le ventre se gonfler. La quantité d'oxygène qui passera dans le sang via les poumons sera plus grande. Cinq fois, dix fois, cinquante fois par jour, pensez à inspirer lentement, profondément, et à expirer encore plus lentement. Que c'est bon !

☞ ***Jouer avec le rythme de votre respiration***

Imaginez : vous avez failli vous faire renverser par un bus que vous n'avez pas vu. Vous avez reçu une décharge d'adrénaline, votre rythme cardiaque s'est fortement accéléré. Décidez alors de dompter vos battements de cœur grâce à la respiration en pratiquant la cohérence cardiaque. Pour rappel, inspirez lentement durant environ quatre secondes et expirez en six secondes. Répétez cette respiration durant deux ou trois minutes et voyez comme votre rythme cardiaque s'apaise. Les effets des hormones de stress se dissipent plus rapidement avec une respiration lente et consciente. Il existe différentes techniques de respiration consciente comme la respiration en carré (lire p. 28). Vous êtes tellement concentrés que d'une part, vous avez dompté votre rythme cardiaque et d'autre part, vous ne pensez plus à la source de votre stress qui prend déjà le large, grâce à vos pensées, focalisées sur cette respiration.

LA MÉDITATION

On a tendance à envisager la méditation comme une technique par laquelle on s'assied et on ne pense à rien. Tout d'abord, la méditation peut se pratiquer assis, debout, allongé ou en marchant. Testez si l'une de ces quatre positions favorise davantage votre détente et votre gestion du stress.

La méditation peut être guidée par une voix (YouTube, CD ou appli telle que Petit BamBou), plus facile pour débuter. Peu à peu, on apprend avec elle à dompter seul notre mental, c'est-à-dire ces pensées qui alimentent notre stress, parce qu'on s'inquiète ou que l'on pense à toutes les choses que l'on veut ou doit encore faire.

Ma méditation préférée : Entrer dans le lac

En position assise, debout ou allongé, fermez les yeux et imaginez que vous êtes face à un lac à l'eau incroyablement paisible. Imaginez la couleur de l'eau, la taille du lac. Puis, par l'imagination, approchez-vous de l'eau à petits pas et pénétrez lentement dans l'eau. La température est idéale, ni trop froide, ni trop chaude. Entrez un pied, puis l'autre. Jusqu'à la moitié du mollet d'un côté, puis de l'autre. Tout le mollet d'un côté, puis de l'autre. Poursuivez par un genou, puis l'autre. Mi-cuisse, en-dessous du bassin, le bassin, puis jusqu'au nombril, sous la poitrine, la poitrine, les omoplates, les épaules, le cou. Imaginez que vous pouvez respirer normalement, calmement sous l'eau, entrez votre tête jusqu'au menton, jusqu'au nez, jusqu'aux yeux, toute la tête et poursuivez votre lente descente. Une fois que vous avez un ou deux mètres d'eau au-dessus de vous, arrêtez-vous et faites de légers mouvements de gauche à droite pour ressentir les vaguelettes sur votre peau, puis d'avant en arrière pour ressentir la différence. Imaginez que vous ne faites qu'un avec l'eau, elle vous nettoie de l'intérieur, elle efface ce dont vous n'avez plus besoin. Quand c'est le bon moment pour vous, imaginez que vous ressortez du lac. Petit pas par petit pas. Votre tête arrive à la surface de l'eau, vos yeux émergent, puis le nez, le menton, le cou, les épaules, la poitrine et les omoplates, le ventre le nombril, le bassin, le haut des cuisses, mi-cuisses, les genoux jusqu'à la moitié du mollet, les mollets, les chevilles, les pieds. Lorsque vous êtes à nouveau sur la terre ferme, secouez-vous pour vous ébrouer comme un chien qui sortirait de l'eau. Bougez vos mains, vos bras, votre cou, ouvrez lentement vos yeux, étirez-vous.

MÉDITATION GUIDÉE

Entrer dans le lac. Venez vous détendre et lâcher prise pour un petit voyage intérieur

LE YOGA DU RIRE

Le rire est bon pour tout ! Dans ce yoga, le rire est d'abord mental : je me dis que je vais me forcer à rire, et puis j'entre réellement dans l'émotion purement positive du rire. Ainsi, je peux remplacer le stress par du rire. Peut-être que c'est ce que les habitants de certaines régions d'Afrique ou d'Amérique du Sud savent si bien faire : rire et être de bonne humeur, sans se faire trop de souci !

C'est le sourire qui est à l'origine de la joie, pas l'inverse. Le sourire, même lorsque l'on se force, induit la production de sérotonine et de dopamine qui provoque un sentiment de bonheur[97]. Essayez : souriez ! Vous verrez qu'en plus, il est impossible d'avoir des pensées négatives lorsqu'on rit. Et que le rire est communicatif.

Vous pouvez essayer sur YouTube où vous trouverez de superbes vidéos où l'on s'exerce au yoga du rire. Bonne humeur garantie !

3. La gestion émotionnelle du stress

Nous avons vu que pour qu'il y ait stress, il faut un événement déclencheur interne ou externe. Les hormones de stress sont lâchées dans le corps brusquement (pic d'adrénaline) ou de manière chronique (production excessive de cortisol tout au long de la journée).

On nous a inculqué des connaissances à l'école et durant nos études, mais pas grand-chose sur la gestion de nos émotions et encore moins sur la gestion émotionnelle de notre stress.

QUELLES SONT LES ÉMOTIONS POUVANT GÉNÉRER DU STRESS ?

L'anxiété, la crainte, la peur (de tomber malade, de perdre mon job, qu'on pense que je n'en fais pas assez), la surprise, la colère, la frustration, l'embarras, l'ennui, la jalousie (l'envie), le dégoût, l'horreur, la douleur empathique, l'excitation, l'injustice. Idem pour la honte et la culpabilité, sources de stress.

QUAND VOUS VIVEZ L'UNE DE CES ÉMOTIONS, OBSERVEZ-LA, IDENTIFIEZ-LA, METTEZ LE DOIGT DESSUS.

La première chose à faire est de prendre conscience que l'on est en train de vivre une émotion qui génère du stress. Si ça se passe à notre insu, impossible d'avoir une emprise sur le phénomène. Nous allons intuitivement répéter la méthode que nous utilisons depuis toujours, puisque c'est celle que la majorité d'entre nous a apprise : mettre un couvercle sur notre émotion !

Ne pleure pas, sois sage, calme-toi, ne te mets pas en colère, ne fais pas de vagues, pas de bruit, pas de caprices, tais-toi, ce sont les poules mouillées qui ont peur. Pas terribles, ces injonctions ! Et contre-productives. Pour apprendre à gérer différemment ces émotions, lire p. 144. On peut même choisir de remplacer une émotion par une autre ! Vous sentez qu'une émotion difficile mais inutile prend de l'ampleur ? Par exemple, je regarde les informations et un événement hors de mon cercle de contrôle me rend inquiet ou me met en colère. Je vois ce qui se passe en moi, je choisis de ne pas me laisser envahir et de changer d'émotion : je mets une musique qui a l'habitude de me mettre en joie.

Choisissez dès à présent votre morceau-phare. Et pourquoi ne pas danser dessus ?

Vous vous sentez encore stressé ? Pour finir de vous convaincre, une étude canadienne a fait passer un examen d'embauche à 24 étudiants. Après l'examen, la moitié des étudiants se sont détendu en écoutant Mozart et l'autre moitié sans musique. Après un quart d'heure, leur taux de cortisol (une des hormones du stress) a été mesuré. Le stress de ceux qui avaient écouté de la musique avait diminué tandis que celui des autres étudiants continuait à monter[98]. Moralité de l'histoire : la musique nous apaise !

Enfin, pensez à parler de vos émotions avec vos proches. Cela fait un bien fou de dire les choses et peut-être recevrez-vous un conseil utile ?

IDÉES POUR MON PLAN D'ACTION INDIVIDUEL

Changements uniques (one-shots) :

....

....

....

....

....

....

....

....

Changements récurrents :

....

....

....

....

....

....

....

....

mon TÉLÉTRAVAIL réussi

Avec la crise sanitaire, nous avons été nombreux à plonger dans le grand bain du télétravail et nous nous sommes adaptés le mieux possible. La nature de leur travail permet à environ 6 travailleurs sur 10 (salariés, indépendants et entrepreneurs) de faire du télétravail. Cette proportion est relativement stable malgré la crise sanitaire, et c'est le nombre de jours prestés par semaine qui a beaucoup évolué en passant de 1,6 avant la crise à 3,6 fin 2021[99].

Les travailleurs estiment être moins fatigués (72%) en télétravail, plus autonomes et davantage responsabilisés (69%), ce qui constitue un critère important de la satisfaction professionnelle. Toutefois, 56% se sentent plus engagés lorsqu'ils travaillent au bureau et 61% estiment être plus efficaces dans leur travail d'équipe. Les liens sociaux vécus au bureau sont très appréciés, les télétravailleurs préfèrent tenir une réunion sur site (74%) et estiment qu'il est plus facile d'y résoudre un problème (73%).

Attention toutefois, 1 télétravailleur sur 4 estime que le télétravail a eu un impact sur sa santé mentale, contre seulement 1 sur 8 avant la crise. Les managers ont dû particulièrement s'adapter, notamment aux techniques de management à distance, à la cohésion des équipes, au sentiment d'appartenance de chacun, à une communication adaptée, ainsi qu'à l'obligation de tenir compte des situations individuelles. Ils sont 39% à être sévèrement épuisés émotionnellement, contre 27% des non-managers.

Les travailleurs ont des personnalités, des besoins et des environnements différents. Voici la tendance de ce que les travailleurs souhaitaient fin 2020 :

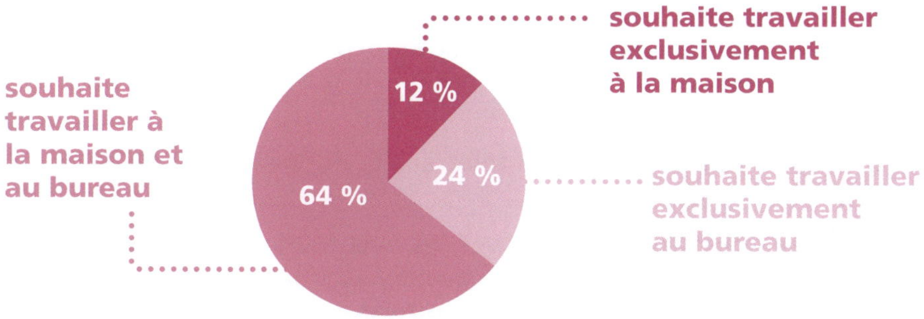

La question du nombre idéal de jours de télétravail continuera certainement à évoluer dans les entreprises. Début 2022, seuls 3% des télétravailleurs à travers le monde souhaitent travailler à temps plein au bureau contre 86% qui préfèrent travailler deux jours ou plus par semaine à la maison[100].

Alors voici les trucs et astuces pour un télétravail réussi !

1 MON ESPACE DE TRAVAIL

Prenez le temps d'organiser votre espace de travail, que vous disposiez d'un bureau séparé ou que vous travailliez sur la table de la cuisine :

- Votre espace de travail doit être rangé, pour une meilleure concentration.
- Votre espace de travail doit être lumineux : si possible, installez-vous près d'une fenêtre ou faites en sorte d'avoir une lumière suffisante. Elle aura une influence positive sur vos yeux, votre humeur et votre sommeil.
- Ajoutez une ou plusieurs plantes vertes dans votre champ de vision. Plusieurs études ont prouvé que cela suffit à apaiser significativement l'anxiété et le stress[101].
- Le bruit fatigue et déconcentre : si possible, faites en sorte de le réduire autour de vous. Si nécessaire, offrez-vous des bouchons d'oreille ou un casque antibruit qui pourra servir tant en télétravail que dans l'espace paysagé du bureau.
- Pensez à aérer régulièrement votre espace de travail : l'oxygène est essentiel au bon fonctionnement de votre corps et de votre cerveau.
- La juste température pour travailler de manière concentrée et détendue est entre 21 et 23 degrés[102].

- Si votre espace bureau n'est pas derrière une porte que vous pouvez fermer le soir, rangez tout votre matériel de travail hors de votre vue afin de garantir la frontière vie privée-vie professionnelle et pouvoir récupérer correctement.
- Convenez de vos horaires en télétravail : donnez-vous une heure de début et une heure de fin.
- Établissez des règles claires avec les éventuels autres occupants de votre espace de travail : qui travaille, et quand ? Quels dérangements, quels bruits sont autorisés ou pas ?

2 MON MATÉRIEL DE TRAVAIL

Voici les règles d'or à respecter chez vous comme au bureau :

- La table : votre plan de travail doit être à la même hauteur que les accoudoirs de votre chaise et que vos coudes. Vos pieds doivent être bien à plat sur le sol pour ne pas cambrer le bas de votre dos.
- La chaise : vos coudes doivent former un angle de minimum 100 degrés, plus qu'un angle droit, donc. Si vous devez faire une seule dépense c'est celle-ci : une bonne chaise réglable en hauteur !
- L'écran : son bord supérieur doit être à hauteur des yeux ou juste en-dessous.
- Le clavier : il est à plat devant vous, à environ 10 ou 15 cm du bord de la table.
- La souris : elle s'utilise le moins possible (préférez les raccourcis clavier) et avec tout son avant-bras, pas juste le poignet ou les doigts. Il existe des souris plates et des souris ergonomiques.
- Si vous travaillez plus de deux heures par jour avec un ordinateur portable sans matériel spécifique, vous avez soit l'écran trop bas (vous regardez vers le bas au lieu de regarder devant vous) et trop près (ce n'est pas bon pour vos yeux), soit le clavier trop éloigné (ce n'est pas bon pour votre cou et votre dos). Il y a une solution : acheter un support pour surélever votre ordinateur (ou mettre des livres dessous) ET un clavier sans fil à placer sur la table[103]. Attention, si vous travaillez avec deux écrans, ne tournez pas le cou d'un écran à l'autre, mais tout le torse, sinon gare au torticolis. Pensez à faire des exercices d'étirements pour la nuque et le cou.

- Si c'est possible, placez les documents que vous devez regarder entre votre clavier et l'écran plutôt que sur le côté afin de ménager votre dos et vos cervicales.

- La configuration : vous devez être assis droit devant votre bureau dans un axe aligné (vous, votre clavier, votre écran), ceci pour épargner les tensions et torsions de votre dos et de vos cervicales.

- La lumière : privilégiez celle du jour, complémentez avec de la lumière artificielle si nécessaire. Vous pouvez aussi ajouter un appareil de luminothérapie, à utiliser 30 minutes le matin pour prévenir ou traiter le blues automnal et la fatigue saisonnière.

3 JE PLANIFIE AUSSI EN TÉLÉTRAVAIL

Il est essentiel de planifier sa journée et ses objectifs (lire p. 120). C'est la base, elle s'applique bien entendu aussi au télétravail, mais il faut tenir compte de certaines de ses spécificités.

JE PRENDS EN COMPTE L'ABSENCE DE TRAJET

Déterminez le temps de trajet aller et retour que vous économisez. 1 heure ? 1 heure 30 ? 2 heures ? Qu'allez-vous en faire ? Il y a différentes options :

- Vous travaillez pendant le temps où vous aviez l'habitude d'effectuer vos déplacements ou une partie de ce temps.

- Vous faites quelque chose de qualitatif pour vous-même pendant ce temps, et qui n'est pas lié au travail : vous dormez davantage, vous pratiquez une activité physique, vous marchez dans la nature, vous apprenez une langue, vous vous adonnez à ce hobby dont vous rêviez, vous appelez quelqu'un à qui vous n'avez plus parlé depuis longtemps.

- Ou vous choisissez selon les jours de privilégier le travail ou quelque chose de personnel. Planifiez ce que vous ferez tous les matins et tous les soirs les jours de télétravail.

RITUEL DE PASSAGE

Peu importe la façon dont vous choisissez d'occuper le temps de trajet épargné, il est essentiel de prévoir un rituel de passage entre vos vies privée et professionnelle. Votre cerveau a besoin de clôturer les activités privées, de se mettre en mode par défaut, avant de passer au travail. Après votre journée, prévoyez ce rituel afin de laisser derrière vous vos préoccupations professionnelles. Faites le vide, faites de la place pour passer ensuite à votre vie privée.

Voyez ce qui vous convient : marcher 15 minutes le matin et le soir, changer de vêtements, écouter de la musique et danser, faire 10 minutes de yoga des yeux ou de yoga du rire, de méditation ou de cohérence cardiaque.

HORAIRES PLUS FLEXIBLES

Un des grands avantages du télétravail est une plus grande flexibilité des horaires, pour autant que cela ait été discuté avec votre manager.

Après votre rituel de passage, vous pourriez commencer à travailler plus tôt que l'heure à laquelle vous commencez au bureau et vous octroyer une plus longue pause de midi. Pour faire quoi ? À nouveau, à vous de voir selon les jours et votre niveau d'énergie et d'envie : aller marcher après le repas de midi pour favoriser la digestion, manger avec un collègue ou ami, pratiquer une activité physique à la lumière du jour (surtout en automne-hiver où il peut faire sombre le matin et en fin de journée).

Testez (et donc adoptez) la sieste à midi : 15, 20 ou 30 minutes sont de bonnes durées pour recharger vos batteries sans mettre vos nuits en péril. Choisissez de la faire assis, allongé dans le canapé ou dans votre lit et avant 15 heures. Au réveil, vous serez plus concentré, plus créatif, plus intuitif. Une étude sur des pilotes de la NASA[104] a montré qu'après une sieste de 26 minutes, leur vigilance avait augmenté de 54% et leurs performances de 34%, alors faites-vous plaisir !

CONCENTRATION

Certains rapportent qu'ils se concentrent mieux en télétravail, car ils sont moins dérangés par les collègues ou le bruit en général. D'autres rapportent qu'ils ont plus de difficultés à se concentrer car les sources de distraction liées à la vie privée sont plus présentes ou parce qu'ils n'ont pas d'espace professionnel dédié.

Ici aussi, voici quelques règles propres à la concentration en télétravail :

- Si vous n'avez pas de bureau chez vous, installez votre espace de travail le matin et ôtez tout de votre vue en fin de journée (rangez les documents dans un tiroir ou une armoire fermée, mettez votre ordinateur portable hors de votre vue et s'il ne peut être déplacé, posez un joli drap ou un tissu dessus).

- L'espace que vous regardez quand vous travaillez doit être rangé afin que votre cerveau ne soit pas distrait. Être proche d'une fenêtre permet de profiter de la lumière du jour et peut-être d'un coin de ciel bleu, d'un arbre… N'hésitez pas à installer une ou deux plantes vertes qui vous aideront à réguler votre rythme cardiaque, votre tension, votre respiration et seront ainsi bénéfiques à votre concentration. Une étude japonaise a démontré que le simple fait de regarder une petite plante verte au bureau pendant trois minutes réduisait considérablement le stress psychologique et physiologique[105] !

- S'il y a d'autres personnes qui partagent votre espace de télétravail, une bonne communication, notamment avec le partenaire et les enfants, permettra à chacun de profiter des conditions de travail dont il a besoin. Ne négligez pas cet aspect-là, nombreux sont les télétravailleurs (et télétravailleuses) qui se sont laissés envahir par le travail de l'autre, le bruit des enfants, les tâches ménagères mal réparties, etc. N'hésitez pas à redéfinir ou rappeler les règles chaque fois qu'elles ne sont pas ou plus respectées.

ALIMENTATION

Votre alimentation à midi devrait être saine et équilibrée toute l'année. Particulièrement en télétravail, veillez à avoir dans votre réfrigérateur et dans vos armoires les aliments utiles pour préparer des plats qui donnent de l'énergie et de bons nutriments (lire p. 44).

4 JE COMMUNIQUE AVEC MON ÉQUIPE

Dans le chapitre Le bonheur est dans le pré (p. 107) et le chapitre L'organisation de mon travail (p. 119), nous avons vu l'importance de l'autonomie, de la communication, du soutien, de la reconnaissance de notre travail, du respect de notre personne et de nos valeurs. En télétravail, il convient d'être particulièrement vigilant aux aspects suivants :

- Nous avons besoin de communiquer avec d'autres personnes (notamment nos collègues), pour nous sentir bien. La crise sanitaire et le télétravail obligatoire ont fait prendre conscience à un grand nombre d'entre nous que travailler en ayant peu de contacts humains était difficile, nous apportait moins de plaisir et davantage de frustration.

Il est utile d'avoir chaque jour un ou plusieurs contacts avec vos collègues, votre manager, vos clients.

- Le concept d'autonomie en télétravail pourrait se décliner ainsi : le manager a besoin d'être rassuré sur le fait que le travailleur avance dans son travail, il revient donc à ce dernier de le rassurer en le tenant informé régulièrement de l'avancement de ses tâches. Le travailleur a quant à lui besoin d'être rassuré sur le fait que son supérieur hiérarchique voit et apprécie son travail. Au manager de le rassurer sur ce point. Cela me paraissait évident, jusqu'au jour où, alors que je préparais avec une DRH une visioconférence que j'allais donner dans son entreprise, elle me confia à quel point elle était fatiguée après des mois de travail intense pour s'adapter à la crise sanitaire, mais aussi parce qu'elle n'avait pas eu de répit. Elle emportait avec elle aux toilettes son portable de peur que son directeur l'appelle à ce moment-là et pense qu'elle ne travaillait pas. Ce type de crainte est extraordinairement énergivore.

- Pour certains, la petite boule verte ou les couleurs dans les messageries ou chat internes aux entreprises n'évoquent rien mais pour d'autres, c'est Big Brother qui les surveille. Ces codes couleur indiquent si vous êtes disponibles ou pas. Si vous n'avez pas tapé sur votre écran depuis un moment, le système pense que vous n'êtes pas devant votre ordinateur et la couleur verte passe au rouge. Certains veillent à bouger leur souris régulièrement pour rester dans le vert ! La confiance et l'autonomie devraient être suffisants pour ne pas avoir besoin de cela.

- Le sentiment d'appartenance à une équipe est important pour notre bien-être, quel que soit notre niveau dans la hiérarchie. Pensez à tenir les membres de l'équipe informés pour éviter qu'ils ne s'imaginent des choses qui seraient inexactes.

- Pensez à passer des moments de convivialité ensemble.

- Célébrez vos succès !

5 MES RÉUNIONS EN LIGNE

Le nombre d'heures passées en visioconférence a explosé. Les noms Zoom, Teams ou Webex nous sont subitement devenus familiers. Nous sommes unanimes à considérer que ces réunions en ligne sont

nécessaires, mais en même temps, elles sont plus fatigantes, tant physiquement que mentalement, qu'une réunion en présentiel. Encore face à notre écran, nous devons faire preuve d'une concentration plus importante. De plus, nous n'avons pas eu de petite pause, le temps de nous rendre à la salle de réunion et qui nous a permis de marcher et converser avec nos collègues.

Voici quelques points d'attention :

- Comme pour les réunions physiques, essayez de réduire le nombre de personnes et la durée au maximum.
- Prévoyez dix minutes entre chaque visioconférence. Pensez à faire une pause MODS (pour *Moving-Outside-Detachment-Social* en anglais), c'est-à-dire bougez, allez faire un tour dehors, sans écran ni conversation sur le travail, avec un collègue si possible.
- Caméra allumée ou éteinte ? Allumée, vous êtes plus concentré, mais vous vous voyez en permanence, comme dans un miroir, ce qui est fatigant pour votre santé émotionnelle. Dans les réunions avec de nombreux participants, régler l'affichage pour ne pas vous voir. Éteinte, vous êtes plus libre de lutter contre la sédentarité, mais peut-être tenté de faire du multitasking. Vous pouvez varier l'approche selon les réunions.
- Bougez aussi souvent que possible : levez-vous, marchez, étirez-vous, bougez vos pieds, vos orteils, vos genoux… Buvez de l'eau pour vous aider à maintenir votre concentration au top.
- À la fin des visioconférences, demandez le ROTI pour évaluer la qualité de la réunion (lire p. 128) !

IDÉES POUR MON PLAN D'ACTION INDIVIDUEL

Changements uniques (one-shots) :

....

....

....

....

....

....

....

....

Changements récurrents :

....

....

....

....

....

....

....

....

les signaux D’ALARME

Pour être en bonne santé et le rester, physiquement et psychologiquement, et performer dans nos vies professionnelle et privée, la prévention est essentielle. Feuilletez cet ouvrage, informez-vous, faites des choix pour vous. Pour paraphraser les youtubeurs Axel Lattuada et Fabrice De Boni (Et tout le monde s'en fout) : faites la liste de vos besoins, occupez-vous en correctement, arrêtez de vous focaliser sur des diversions débiles qui vous coupent de vous-même et vous empêchent d'être heureux[106] !

Prenez le temps de vous écouter, de vous observer pour régulièrement réajuster vos priorités et vos moments bien-être. Observer ce qui se passe dans votre corps, écoutez s'il a quelque chose à vous dire. Si vous ne le faites pas, c'est comme s'il y avait une alarme incendie au bureau, mais que vous décidiez de l'ignorer. Si vous ressentez un ou plusieurs des signaux d'alarme décrits ci-dessous, parlez-en à un médecin généraliste.

Quels peuvent-être les signaux d'alarme donnés par votre corps ?

1. TOUTE DOULEUR PHYSIQUE

Je vous invite à passer votre corps en revue. Avez-vous mal quelque part ? Repensez aux derniers jours, avez-vous eu des douleurs ? Parfois, on est tellement tendu qu'on ne les sent pas et lorsqu'on prend le temps de ralentir, subitement elles sont là. Votre médecin généraliste sera un bon premier point de contact pour vérifier si ces douleurs ont une cause biologique ou une autre telle que le stress, l'anxiété, le (pré-) burn-out ou des signes de dépression.

Un certain nombre de symptômes peuvent être la conséquence directe d'un excès de stress, typiquement :

- Maux de tête et migraines
- Douleurs à la nuque, aux épaules, aux bras ou au dos
- Maux d'estomac et problèmes de digestion
- Nouvelles allergies alimentaires, eczéma, psoriasis

2. TOUT PROBLÈME DE SOMMEIL

C'est un fameux signal d'alarme, car si vous avez un sommeil perturbé, vous risquez l'effet boule de neige : j'ai des problèmes, donc je ne dors pas suffisamment et je n'ai pas les ressources pour les traiter correctement. Voici comment un mauvais sommeil peut survenir :

- Difficultés d'endormissement
- Réveils nocturnes ou très matinaux
- Ressentir de la fatigue au réveil

3. TOUT DÉRÈGLEMENT ALIMENTAIRE

Les dérèglements alimentaires se sont aggravés depuis la crise sanitaire. Ils sont de deux ordres :

- Une perte d'appétit, une perte de poids subite. C'est un signal d'alarme important. Que se passe-t-il en vous ? Voyez votre médecin et éventuellement un psychologue pour comprendre vos émotions.

- Un excès d'appétit, particulièrement pour certains aliments et boissons. Vous mangez plus gras ou plus sucré pour compenser votre anxiété, votre stress, votre ennui ou votre fatigue. Vous buvez plus de café, boissons énergisantes, sodas pour compenser votre fatigue, ou plus d'alcool pour calmer votre stress. C'est le même mécanisme pour la consommation de tabac ou de drogue.

4. JE ME SENS RÉGULIÈREMENT TENDU, IRRITABLE, STRESSÉ
Je suis anxieux, à bout de nerfs, j'ai des palpitations, je ne supporte plus grand-chose, les gens m'énervent facilement.

5. JE N'AI PAS BEAUCOUP D'ÉNERGIE
J'ai moins d'énergie, je suis moins curieux, je n'ai pas vraiment de nouvelles envies, j'ai moins d'élan de vie, moins de joie.

6. J'AI TENDANCE À M'ISOLER
Je vois moins de monde qu'avant. J'éprouve régulièrement un sentiment de solitude.

JE SUIS CONSCIENT DE MES DIFFICULTÉS

Lorsqu'on se rend compte d'une difficulté, qu'un signal d'alarme s'est déclenché, on a déjà fait 50% du chemin ! Pour parcourir les 50% restants vers la solution, faites votre plan d'action individuel avec les trucs et astuces des chapitres précédents.

Vous pouvez aussi vous faire aider. Pour cela, rendez-vous au chapitre suivant !

IDÉES POUR MON PLAN D'ACTION INDIVIDUEL

Changements uniques (one-shots) :

....

....

....

....

....

....

....

....

Changements récurrents :

....

....

....

....

....

....

....

....

où trouver de L'AIDE ?

Même si vous faites pour le mieux en suivant tous les conseils utiles, écoutez-vous et demandez de l'aide si vous en ressentez le besoin. Le plus tôt sera le mieux !

LES RÈGLES D'OR QUAND ON NE SE SENT PAS BIEN ?

- Ne restez pas seul avec vos difficultés. Choisissez quelqu'un en qui vous avez confiance. Le plus important est de ne pas garder vos difficultés pour vous. Plus tôt vous cherchez une solution et mieux c'est. Pas de honte, « It's OK not to be OK ».

- Confiez vos difficultés à votre premier cercle – partenaire, amis, collègues – cela fait un bien fou. Écoutez ce que les gens vous disent, ne balayez pas leurs conseils, surtout s'ils sont plusieurs à vous dire la même chose. N'hésitez pas à noter leurs propos. On entend parfois mieux au calme, en relisant ses notes.

- Vous pouvez aussi en parler à votre manager. Non, vous n'allez pas perdre votre emploi parce que vous exprimez vos difficultés.

- Pourquoi ne pas vous adresser aux ressources humaines ? Certaines entreprises proposent quelques sessions de coaching pour aider en cas de difficulté.

- Adressez-vous à la personne en charge du bien-être au travail chez votre employeur.

- Prenez rendez-vous avec votre médecin généraliste ou un spécialiste si nécessaire. Là aussi, le plus tôt sera le mieux. Il est plus facile de solutionner un problème de sommeil après six semaines qu'après six mois ou plus. Toutefois, n'hésitez pas à consulter même si votre souci dure depuis un bon moment. Il est important de prendre soin de soi.

- Si c'est un psychologue ou un coach que vous recherchez, demandez autour de vous ou cherchez sur internet. Vérifiez que le thérapeute dispose d'une formation solide.

La première séance vous permettra d'évaluer si ce thérapeute vous convient : comme dans la vraie vie, on n'a pas d'affinités avec tout le monde. Il faut que vous vous sentiez en confiance – même s'il n'est pas toujours confortable de parler de ses soucis –- et compris par le thérapeute. Demandez-lui comment il travaille, quelle est son approche.

MON PLAN D'ACTION INDIVIDUEL

	DATE	3 CHANGEMENTS UNIQUES (les one-shots)
1		
2		
3		

	DATE	3 CHANGEMENTS RÉCURRENTS
1		
+ 1 sem.		
+ 2 sem.		
+ 3 sem.		
+ 4 sem.		
+ 5 sem.		
+ 6 sem.		

2		
+ 1 sem.		
+ 2 sem.		
+ 3 sem.		
+ 4 sem.		
+ 5 sem.		
+ 6 sem.		
3		
+ 1 sem.		
+ 2 sem.		
+ 3 sem.		
+ 4 sem.		
+ 5 sem.		
+ 6 sem		

BIBLIOGRAPHIE ET SOURCES SCIENTIFIQUES

Retrouvez la bibliographie et l'ensemble des notes de bas de page et sources scientifiques à l'adresse suivante : **www.50spoons.com/fr/bibliographie**

POUR ALLER PLUS LOIN

SOMMEIL

- Dr MÉAN Dominique, *Devenez l'acteur de votre sommeil*, éd. Genèse, 2018. Un livre incontournable pour en savoir plus sur le sommeil, les substances naturelles et le sevrage des somnifères.

- https://solidarites-sante.gouv.fr/IMG/pdf/Sommeil_un_carnet_pour_mieux_comprendre.pdf

ALIMENTATION

- CHAPON Julie et BERTHOU Anthony, *Le Guide de l'alimentation saine*, éd. Marabout, 2020. Les créateurs de la superbe appli gratuite Yuka (à installer impérativement sur votre smartphone pour scanner les produits et savoir s'ils sont qualitatifs avant de les acheter) ont publié ce livre très informatif, simple et ludique. Une pépite.

- PHILIPPON Bérengère, *Je réussis ma détox sucre*, éd. Larousse, 2021.

- LANGEVIN Ricarda, *Mes Petites Recettes magiques ayurvédiques*, éd. Leduc, 2022.

- Dr GROSGOGEAT Hervé, *La Méthode acide-base. Perdre du poids, ralentir le vieillissement, prévenir les maladies*, Odile Jacob poches, 2009.

- https://www.mangerbouger.fr/content/show/1501/file/Brochure_50_petites_astuces.pdf

LES BIENFAITS DE LA NATURE SUR L'HOMME

- ERM d' Pascale, Natura. *Pourquoi la nature nous soigne… et nous rend plus heureux*, éd. Les Liens qui Libèrent, 2019.

IKIGAI

- LEMKE Bettina, *Le Livre de l'ikigai. Le secret du bonheur*, éd. J'ai Lu, 2019.

ESTIME DE SOI

- POLETTI Rosette et DOBBS Barbara, *L'Estime de soi*, Jouvence Éditions, 1998.

- ANSEMBOURG d' Thomas, *Cessez d'être gentil, soyez vrai !* éd. de l'Homme, 2004 ou l'édition illustrée par Alexis Nouailhat, 2014.

- RUIZ Don Miguel, *Les Quatre Accords toltèques. La voie de la liberté personnelle*, éd. Poches Jouvence, 2016.

LES ÉMOTIONS

- Le film *Vice versa* (titre original *Inside Out*), PIXAR, 2015.

COMPRENDRE LE STRESS ET LE GÉRER

- LEBEL Gérard, *Guide d'autosoins pour la gestion du stress*, 10/03/2011, 163 pages très bien rédigées. https://medfam.umontreal.ca/wp-content/uploads/sites/16/Guide-autosoins-pour-la-gestion-du-stress.pdf

ÉVITER L'ÉPUISEMENT OU EN SORTIR

- EVERARD Anne, *Guide du burn-out. Comment l'éviter, comment en sortir*, éd. Albin Michel, 2017.

VOUS VOULEZ EN SAVOIR PLUS SUR BOOSTEZ ?
www.50spoons.com

REMERCIEMENTS

À toi Jan, mon amour depuis plus de vingt ans. À vous Lucas et Theo, mes fils qui prenez votre envol et m'émerveillez chaque jour.

À toi, Luana, qui un jour m'a dit que mes 30 ans de développement personnel, c'était comme nettoyer ses carreaux et que maintenant, on allait ouvrir la fenêtre. Tu l'as fait et ma gratitude est grande. Merci pour tes enseignements, ta joie, ta sagesse et ta générosité.

À mes amis médecins, psychologues et nutritionnistes qui m'ont prodigué leurs nombreuses explications, conseils et corrections, en particulier mon frère, le Dr Benoît Everard (médecin généraliste), ma belle-sœur, le Dr Lamia Guettat (neurologue), mon amie, le Dr Dominique Méan (médecin généraliste), mon amie et nutrithérapeute Vanessa Carpenter de Healthy Colours et les nombreux conseillers de l'ombre.

À mes hébergeurs réguliers : Ingrid Hulsmans qui a partagé avec moi durant des mois son bureau et son café, Valérie Everard qui m'a ouvert son hôtel « Le Côté Vert » à Waterloo et Éric Everard, ses bureaux.

À mes relecteurs de tous horizons qui ont contribué à enrichir *Boostez* : Alain Étienne, Nona Deprez, Éric Langevin, Aurélia Antonietti, Hélène Nolot, Luana Ferraioli, Jan Puype, Annemie Vandierendonck, Daniel Puype, Valérie Everard, Jean-François Fagnard, Marie van den Hove, Virginie Tranchant, Emna Everard, Anne Lafère, Elise De Maere, Claire Jardin-Ménard, Delphine Giersé, Isabella Tessaro, Sophie Wattiaux, Juliette Everard, Fabiana Del Prete, ainsi qu'à l'excellente Cécile Pivot.

À Margaux Nicolas pour les vidéos du livre, à Isabella Tessaro pour ses dessins hors pair et à Ingrid Hulsmans pour sa mise en page souple, dynamique et colorée.

29, avenue Reine Astrid
1310 La Hulpe - Belgique
www.50spoons.com

Illustrations & couverture : Isabella Tessaro
Maquette & mise en page : Ingrid Hulsmans

ISBN : 978-2-805-20741-9
Dépôt légal : avril 2022
Achevé d'imprimer en Belgique par European Graphics